WO DE ERSHISI JIEQI

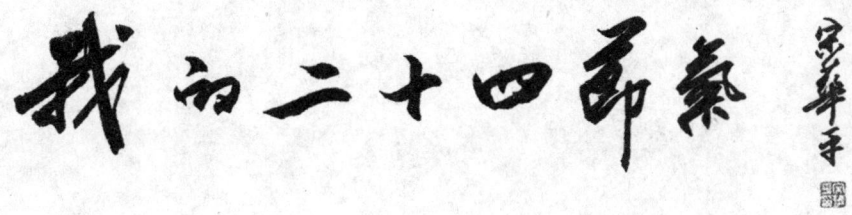

萍 子◉著

河南大学出版社
郑州

图书在版编目(CIP)数据

我的二十四节气/萍子著.—郑州:河南大学出版社,2012.3
ISBN 978-7-5649-0691-7

Ⅰ.①我… Ⅱ.①萍… Ⅲ.①二十四节气—普及读物 Ⅳ.①S162-49

中国版本图书馆 CIP 数据核字(2012)第 053089 号

责任编辑　靳宇峰
责任校对　张　丹
封面设计　王淑苗

出版发行	河南大学出版社
	地址:郑州市郑东新区商务外环中华大厦2401号
	邮编:450046
	电话:0371-86059712(高等教育出版分社)
	0371-86059701(营销部)
	网址:www.hupress.com
排　版	郑州市今日文教印制有限公司
印　刷	郑州市今日文教印制有限公司
版　次	2012年5月第1版
印　次	2012年5月第1次印刷
开　本	787mm×1092mm　1/16
印　张	12
字　数	185 千字
定　价	25.00 元

(本书如有印装质量问题,请与河南大学出版社营销部联系调换)

作者简介

　　萍子,本名张爱萍,女,河南临颍人,诗人,作家。1985年毕业于河南大学中文系,一直从事青年报刊工作,曾获得"全国优秀青年报刊工作者"、"河南省优秀新闻工作者"等荣誉称号。现任《时代青年》杂志社副总编辑、河南省诗歌学会副会长。

　　萍子1982年开始诗歌创作并发表作品,出版有《纯净的火焰》、《萍子观水》、《此时花开》等诗集和散文集《岁月花语》等。2011年3月21日,河南省作家协会、省文学院、省诗歌学会等单位联合召开萍子诗歌研讨会,与会专家对萍子的诗歌特别是近作《我的二十四节气》给予高度评价。2012年3月7日,萍子诗歌朗诵会在郑州人民广播电台演播厅成功举办,引起广大听众强烈反响和一致好评。

内文插图　郑彦英（河南省文联副主席、作家协会副主席）

扉页题字　宋华平（河南省文联副主席、书法家协会主席）

序言一

小满是萍子的妹妹

◎ 南　丁

　　有诗评家查阅了《全唐诗》《全宋词》，发现唐诗涉及"清明"等农历节气内容的有335首，宋词则多达520首。但无一人全写二十四节气的。古代大体如是。近现代不详。

　　当代，据孤陋寡闻的我所知，苇岸的散文诗集《大地上的诗情》写过，汤松波的组诗《二十四节气》写过。

　　萍子的《我的二十四节气》，则自有个性，别有新意。

　　萍子的诗歌研讨会，她自己选定在春分那天举行。春分过后，白天将比黑夜长，未来将比过去多。那天，她穿了件红衣。正是桃花绽放的季节，她如一朵桃花绽放在她的研讨会上。萍子的人气旺，那天到了许多人，诗人兴会在春天里。

　　是第一次为萍子开研讨会，涉及她已出版的两本诗集和近作《我的二十四节气》。1993 年的《纯净的火焰》和 2009 年的《萍子观水》，我都曾为之作序，想说的都已在序中说过，可以不再说。萍子仍要我为《我的二十四节气》写序，我就聪明了一回，全心全意支起耳朵倾听，倾听诸位诗意的评说，以便滋养我的文字。在萍子诗歌研讨会上，我一言未发。

现在，轮到我说说了。

我们的老祖先，早在春秋时就画出天文节气的雏形，秦汉年间，二十四节气趋于完善，公元前 104 年的《太初历》，正式将二十四节气订于历法，明确了二十四节气的天文位置。真乃大智者。

二十四节气，非但科学地反映着气候的变化，如立春、立夏，标志着物候的变化，如小满、芒种，有的天文节气也兼有着人文节气的意义，如清明，而且又科学地指导着人类的农事活动，又不止是农事活动。

萍子是个乡村丫头，童年和少女时代一直生活在乡村，入大学后进城，暑假寒假逢年过节还是要回到乡村回到田野回到父母的身边。她最初的诗意萌动就来自覆盖田野的皑皑白雪和乡村夜空上闪亮的星辰。

后来在城里工作，母亲会来女儿家住。常常，母亲站在挂历前查看/什么节气快到了/每天，母亲看电视天气预报/关心的总是气象对农民是否有利（《布谷鸟捎来了麦黄的讯息》）。母亲对节气对庄稼的关切，唤醒了女儿并未沉睡的乡村记忆：乡村！给我欢乐童年/和泪水的可亲的土地/离开你虽然已多年/可我赤足奔跑的脚印/我的根/

在你宽阔的怀抱里（《收割后的土地》）。在《麦子》中，萍子说：不管离开家乡有多久/不管离开田野多么远/麦子，从来不曾以植物的形象/在我的意念中出现//麦子，母亲心中的头等大事/青黄不接这个苦涩成语/的由来和终结者/农民好日子的开头/我血脉相连的姐妹兄弟。在另一首诗中，她一再写道：麦子回到家里。麦子回到家里。麦子是萍子的姐妹兄弟，当然要回到她的家里。

与麦子与庄稼与粮食是这般的亲人关系，顺理成章地自然就要关心节气，关心与庄稼命运攸关的节气。萍子说，这是受了母亲的影响。于是：小满是我的妹妹/有着青绿头发/桃红面颊/闪亮眼眸的妹妹//小满是我的妹妹/有着苗条腰肢/柔软双手/结实小腿的妹妹//夏季风飞快掠过田野/麦穗泛起大地的颜色/小满，我的妹妹/在乡间小路上疾走/香了杏儿/甜了仙桃（《小满》）。

看见那有着结实小腿在乡间小路上疾走的小满了吗？再看《芒种》：太阳的光华/唯有透过你方可凝视/芒，轻轻咬住一粒新麦/默念爱人的芳名/田野涌动/香气四溢/酿造的季节已经开始//收获吧——/大地把自己摆上祭坛/感恩的人/躬身将种子播进土里/面对你光明洁净的眼神/我热情的表白与情爱无关……夏收，收获希望，夏种，播种希望，在萍子笔下，暖人心窝，令人迷醉，叫人神往。

写冬季的一些节气，竟也写得如此暖意融融，叫人讶异。天冷了/热情也需要收藏起来/放在不会结冰的地方/等待春天/长出新芽（《立冬》）。如果冬天可以下雪/如果冰雪可以消融/我们的梦，又怎能不盛开/一个个春天/化为和风细雨，柳绿花

003

红（《小雪》）。 吃过冬至饭/一天长一线/把希望系在太阳身上/准没有错（《冬至》）。 只是小寒而已/大寒便是强弩之末/据说大雁已经动身北飞/我也要收拾行装了（《小寒》）。 抱着满怀玫瑰回家/转过冬天的街角/就被春天包围了（《大寒》）。

二十四节气，当然不只是有关庄稼有关农事，更有关时光有关岁月。 一年四季，春夏秋冬。 十二个月，二十四节气。 一年复一年，这就是时光的流逝，岁月的更替。 春花秋月何时了？ 没有了的时候。 花儿谢了，明年还是一样地开。 秋月依然会挂在明年的夜空。 子在川上曰：逝者如斯夫！ 逝者逝矣，来者来也。 时光之河永恒奔流不停息。 人呢？ 时光的过客，只活一世。

萍子说：这一世轮回，仿佛/只是为了感受你的好/称颂你不为人知的壮丽（《芒种》）。 萍子，在春分时节看到如桃花般绽放的你。 血始终是热的/心始终是热的（《大雪》）。 我仿佛读懂了花儿为什么这样红。 你的小满妹妹呢？ 是在你身后的不远处吧，好像看到了这个有着结实小腿的女子正越过清明越过谷雨越过立夏疾步走来。

《我的二十四节气》，心血之作，性灵之作，情意之作，自然天成。 因为，庄稼、节气都是萍子的姐妹兄弟。

2011年5月8日，立夏后二日

（作者，曾任河南省文联主席，出版有五卷本《南丁文集》）

序言二

一支绣笔描四季

◎ 高治军

春雨惊春清谷天,夏满芒夏暑相连。
秋处露秋寒霜降,冬雪雪冬小大寒。

　　这段二十四节气歌,下从牙牙学语的孩童,上至七八十岁的妪翁,大凡中国人,可以说几乎没有不会背诵的。因为她是一种节气、一种文化,更是一种血脉,深深地流淌在中国人的血液里,镌刻在中国人的心灵上,成为一种永远的文化记忆。

　　正因为二十四节气和人们有着如此重要的关系,有文章家记录过她,有散文家描绘过她,更有着"今天立了秋,明天把扇丢"的歌谣,然而似乎还没有完整的以诗歌的形式歌唱她的作品。

　　有了,萍子从中原走出来了,她以一支诗人的锦绣椽笔描绘了四季,歌唱了四季。

　　萍子笔下的四季是那样充满着诗情画意,是那样的秀美多姿，是那样的神丽无比。

她是中原的女儿，她最有资格歌唱四季。据说夏历就是从中原产生的，这里曾是中华文明的重要发祥地之一。她是成熟的诗人，她也有能力以诗歌的形式写二十四节气。

我读了萍子的二十四节气诗，突出的感受有以下几点：

首先，她的诗是二十四节气的颂歌，真切地讴歌了节气的变化。生活是诗的源泉，只有真切地投身生活，才能反映生活，特别是写二十四节气这样的诗，更是如此。从萍子的节气诗可以看出，她有一颗敏锐的诗心。她的心与自然一起跳动，与自然一起呼吸，达到了一种有机结合，可以说她是自然的女儿，她与自然已情景交融，她在为自然而歌唱。萍子笔下的《立春》是这样的：心儿就此雀跃起来/以五天为一梦守候你/期待十度以上的艳阳和雨水/晚睡早起/倾听喜鹊敲门的声音//杨柳的腰肢会像十年前那样柔软吗/桃树是否会泛起二十年前的红晕/报春的少年穿越三千年的时光/奔走相告：春来了。使我们感悟到喜鹊报春的喜悦和春姑娘到来的美妙。她对《立秋》作了这样的歌唱：看啊，夜的舞台上/优雅的歌者/娓娓诉说衷肠/我心疼她/为之洒下悲伤的泪雨//而凉意尚浅/我仍然对前路充满热情/在星光下与心爱的小妹一起/采摘蜜桃/谛听蟋蟀清亮的叫声/这一切，怎一个'秋'字/说得。使我们同样有收获金秋硕果的美好和清秋到来的微妙体悟。萍子的诗就是这样有夏花之绚丽、冬雪之温馨，干裂秋风，润含春雨，语出天然，返璞归真，达到了天然真淳的境界。

其次，萍子的二十四节气诗倾注了浓郁的情感，是她对大自然挚爱的宠儿。诗乃浓情之作，没有情就没有诗，诗缘情而绮靡。没有浓情就没有好诗。萍子的二十四节气诗有她独到的钟情、独到的移情，触景生情，情动意生，物我合一，折射出了她对大自然的一腔热情，浸透了诗人的一片纯情。诗人在《雨水》中写道：如果可以天下太平/我宁愿放弃梦中与你相逢；在《谷雨》中深情写道：噢，让我拥抱你/为你奉上欢喜的红莲；在《小满》中含情说出：小满是我的妹妹/有着青绿头发/桃红面颊/闪亮眼眸的妹妹……在乡间小路上疾走/香了杏儿/甜了仙桃。无不道出她对节气深深的情感、浓浓的诗情。

再次，萍子的二十四节气诗，有彩色之美，她为四季作了一幅幅立体画。诗有美感是成熟诗的重要标准。诗中有画，画中有诗就是好诗。有人说作诗和绘画有很强的相似之处。萍子的诗有着绘画般的美。诗人在《霜降》中对景色作了这样的描绘：带着萝卜的脆/柿子的甜/菊花的鲜/树叶的艳/从空中落下来/在深秋嫣红的面颊/敷一层冷香的粉……糖葫芦一样/酸甜可口的音节/足以拨动所有人的心弦//一匹斑斓的织锦/层层叠叠/缠绕在北半球风姿绰约的腰间。这种层次分明的色彩美、图画美，栩栩如生，如在目前。全诗透彻玲珑，温婉可人，如空中之音、相中之色，读罢妙味无穷，口齿生香，不能不说实乃诗中之至品。

最后，她的二十四节气诗，文字与诗艺珠联璧合，达到了很高的艺术水准。她的诗有种音乐美。如诗人在《处暑》里写道：一场秋雨/披一层薄凉在身上/盛夏的光焰渐渐熄灭/金色的火种被果实收藏。压韵和谐,铿锵有力,自然节奏与诗的节奏一致。她的诗能放能收,方圆结合,圆润玉成,流光溢彩。她的诗是她全部人格、激情和优美文字的结合。

读罢二十四节气诗,给人深刻感受,感到它自然真切、隽永美妙、温婉清丽。它是诗人清泉与露珠一样纯洁心灵的再现,它是诗人智慧、眼光、修养的结晶,是萍子近年来创作的一个高峰,也在诗坛上树立了一座永远熠熠闪光的丰碑!

2010 年 11 月 16 日

(作者系著名诗人,出版有诗词集《我手写我心》、《沐春踏歌行》、《明月清风吟》等,荣获"建国60周年感动中国的百位当代诗词家"、"中国百名卓越诗词艺术家"等荣誉称号。现任省委高校工委组干处处长兼河南教育报刊社社长)

目 录

序言一　小满是萍子的妹妹 / 南丁　001
序言二　一支绣笔描四季 / 高治军　005

上辑　我的二十四节气

立春 …………………………………… 003
雨水(二首) …………………………… 007
惊蛰(二首) …………………………… 011
春分(二首) …………………………… 017
清明 …………………………………… 021
谷雨 …………………………………… 025
立夏(二首) …………………………… 029
小满(二首) …………………………… 033
芒种 …………………………………… 037
夏至 …………………………………… 041
小暑(二首) …………………………… 045
大暑(二首) …………………………… 049
立秋 …………………………………… 053
处暑 …………………………………… 057

白露（二首）……………………… 061

秋分（二首）……………………… 065

寒露（二首）……………………… 069

霜降………………………………… 075

立冬（二首）……………………… 079

小雪（二首）……………………… 083

大雪………………………………… 087

冬至………………………………… 091

小寒（二首）……………………… 095

大寒（二首）……………………… 101

下辑　我的中国节

元宵节（二首）…………………… 107

龙抬头……………………………… 109

二月二……………………………… 110

三月三……………………………… 111

清明节……………………………… 113

端午节……………………………… 115

七夕………………………………… 116

中元节忆父亲……………………… 118

中秋………………………………… 120

清如莲……………………………… 121

思念的节日………………………… 122

重阳节登伏牛山并访函谷关……… 123

今又重阳…………………………… 125

十月祭……………………………… 126

腊八………………………………… 128

元旦………………………………… 129

春节（二首）……………………… 131

附录一　关于二十四节气

二十四节气歌　002

七十二候　014

二十四番花信风　026

九九消寒歌　098

二十四节气的来历　135

二十四节气的含义　136

二十四节气七言诗（三首）　137

二十四节气农事歌　139

二十四节气古诗词选　141

附录二　分享生命的感动

萍子诗歌的变与不变 / 高金光　149

萍子诗歌印象：分享生命的秘密 / 吴元成　152

把一切都看做好意 / 张鲜明　155

让自己告别自己

——谈萍子朗读《我的二十四节气》/ 李霞　159

读你的感觉似秋水 / 庄凤娟　161

谈萍子诗歌中自然意象的嬗变 / 王小萍　164

跋

迎着大雪一样纷飞的时间，含笑歌唱 / 邓万鹏　167

上辑

我的二十四节气

春雨惊春清谷天，
夏满芒夏暑相连，
秋处露秋寒霜降，
冬雪雪冬小大寒。
上半年是六廿一，
下半年来八廿三。
每月两节日期定，
最多相差一两天。

——二十四节气歌

立春

北斗正指着东北方向
温暖的海洋风融进冻土
河冰冷峻的表情松弛下来

哦,无论如何
总算有了你的音讯
一冬无雪
梦有些累了
总算是,听到了你的消息

心儿就此雀跃起来
以五天为一梦守候你
期待十度以上的艳阳和雨水
晚睡早起
倾听喜鹊敲门的声音

杨柳的腰肢会像十年前那样柔软吗
桃树是否会泛起二十年前的红晕
报春的少年穿越三千年的时光
奔走相告:春来了

从季节深处醒来的女子
斋戒，沐浴，剪彩为燕
从未像今天这样动心

写于2009.2.2~3
2009.2.4　立春

立春俗称打春，要弄出些响声来，把闲闷了一个冬天的人唤醒。放炮，是最好的形式。故有"爆竹声中辞旧岁"的佳句。

雨水（二首）

一

为庄稼眉头紧锁的人
在麦田出力流汗的人
终于感动了上苍

雨水时节
果然下起了雨雪

披发缓行
体会麦苗久旱逢甘霖的喜悦
为地球村祈祷
和平安宁，风调雨顺

与众生的福祉相比
个人的愿望微不足道
如果可以天下太平
我宁愿放弃梦中与你相逢

2009.2.18　雨水

二

晴,偏南风2到3级
气温从零下攀上15度
仿佛翻过背阴的山坡
天蓝得晃眼,含着水
我仰起头,一次又一次
在无边的虚空中看见你
温柔的笑容
雨水正沿着阳光
缓缓下降,雪融冰消
麦苗踏上返青的旅程
我愿意就这样守望幸福
在不经意的时刻
一次又一次与你相逢

2010.2.18～25
2010.2.19 雨水

古人云:"正月中,天一生水。春始属木,然生木者,必水也,故立春后继之雨水。且东风既解冻,则散而为雨矣。"古人逢雨水,到河边看开冰,今人则喜浪漫,常到田野,脱鞋减衣,有雨淋雨,无雨沐风,迎春之意,盎然天地之间。

惊蛰（二首）

一

我愿意把一切都看作好意
比如这场惊蛰的大雪
不声不响覆盖所有
让春天有一个干干净净的开始
比如这场倒春寒
让人再次憬悟
有信心，就无所畏惧

江南的梅花开得正好
黄河两岸杨柳吐絮
母亲已如期回到乡下
蛹已经醒来，桃树
为蝴蝶备好了花翅
许多话我没有说出口
你金刚般的智慧
必先期抵达，大地松动
心潮汹涌无边绿意

写于 2010.3.5～15
2010.3.5　惊蛰

二

雪是悄悄落下来的
却总是能引起惊喜的叫声

他说,窗外飘雪花了
我们都来做首诗吧

雪是轻轻落下来的
却总是能唤醒沉睡的梦

你说,谢天谢地
我可以和孩子打雪仗啦

雪是静静落下来的
却总是能引起内心的冲动

她说,我要骑一匹白马出门
披着一件红色的斗篷

雪是缓缓飘下来的
雪中的脚步也走得从容

从远处传来的声波
带着恒定不变的体温

亲爱的，我们去听古琴吧
围炉夜话，把一壶滚茶喝到恬静

朋友们，一起到古城墙上走走吧
听一听雪落在 3600 年前的声音

哦，多少思绪
都任凭它们自生自灭

我迟迟不愿
把诗句写在纸上

只恐怕，落笔的时候
手指的温度会把纷纷的雪片融化

2009.3.5　惊蛰

七十二候

中国最早的结合天文、气象、物候知识指导农事活动的历法,源于黄河流域。以五日为候,三候为气,六气为时,四时为岁,一年二十四节气共七十二候。各候均以一个物候现象相应,称候应。依次为:

立春:一候东风解冻,二候蛰虫始振,三候鱼陟负冰。
雨水:一候獭祭鱼,二候候雁北,三候草木萌动。
惊蛰:一候桃始华,二候仓庚(黄鹂)鸣,三候鹰化为鸠。
春分:一候玄鸟至(燕来也),二候雷乃发声,三候始电。
清明:一候桐始华,二候田鼠化为鴽,三候虹始见。
谷雨:一候萍始生,二候鸣鸠拂其羽,三候戴胜降于桑。
立夏:一候蝼蝈鸣,二候蚯蚓出,三候王瓜生。
小满:一候苦菜秀,二候靡草死,三候麦秋至。
芒种:一候螳螂生,二候鹏(伯劳)始鸣,三候反舌无声。
夏至:一候鹿角解,二候蜩(蝉)始鸣,三候半夏生。
小暑:一候温风至,二候蟋蟀居壁,三候鹰始击。
大暑:一候腐草为萤,二候土润溽暑,三候大雨时行。
立秋:一候凉风至,二候白露降,三候寒蝉鸣。
处暑:一候鹰乃祭鸟,二候天地始肃,三候禾乃登。
白露:一候鸿雁来(自北而南也),二候玄鸟归,三候群鸟养羞。
秋分:一候雷始收声,二候蛰虫坯户,三候水始涸。
寒露:一候鸿雁来宾,二候雀入大水为蛤,三候菊有黄华。
霜降:一候豺乃祭兽,二候草木黄落,三候蛰虫咸俯。
立冬:一候水始冰,二候地始冻,三候雉入大水为蜃(蚌属)。
小雪:一候虹藏不见,二候天气上升地气下降,三候闭塞而成冬。
大雪:一候鹖鴠不鸣,二候虎始交,三候荔挺出。
冬至:一候蚯蚓结,二候麋角解,三候水泉动。
小寒:一候雁北乡,二候鹊始巢,三候雉始雊(鸣叫)。
大寒:一候鸡始乳,二候征鸟厉疾,三候水泽腹坚。

　　惊蛰时节,黄河以北地区大都无雷。为惊醒一个冬天都蛰伏在土地里的虫子,农人大都要放冲天大炮,响声如雷鸣。其实农人们也是在用此法强调性地提醒自己,时令已到,寒冷的闲冬已经过去,春耕大忙的脚步声已经踏踏而来。

春分(二首)

一

雷声震震
仲春的雨掷地有声

这个与白天等长的夜晚
有酒,有茶
有新朋旧友轮番出场
有说,有笑
有好听的歌唱出感动

回家的步伐比雨脚快些
夜已半
想念的心更清晰了

在灯光中端详自己的幸福
在暗中忏悔了所有过错
面朝东方,向太阳顶礼

过了此刻
明天要比今天长

未来会比过去多

春已半
到山中去走走吧
黄鹂隐隐约约的啁啾
已经愈来愈近了

       2009.3.20 春分

二

梦醒时分
童年的懵懂已成往事

海棠花是姐姐的
木兰花是妹妹的
梨花，算不算我的也没关系

认弯腰的老枣树作干娘
摸一摸粗糙的桑树皮
抱一抱勤快的大杏树
拉一拉新栽的杨柳枝

微雨飞
燕子回
很多好风景在远方呢
少年的脚步越走越急

       2011.3.21 春分

　　春分到，蛋儿俏，这是在中原地区流传的民谚。人们在这一天小心翼翼地将鸡蛋立在桌子上，将鹅蛋立在架起来的筷子上，只要心静手轻，都能立而不倒。许多人用这种办法预测一年的运程。

清明

无论天晴还是天阴
清明总是有雨
无论天暖还是天寒
清明总是有花

清明的雨下了千年
清明的花开了千年
千年
扫墓人走着同一条路
踏青人踩着同一道坎
生生死死,自古相同
又有几人深解其中蕴含

失去过亲人方知生之痛苦
挨近过死亡才知生的可贵
因而人们用纸钱
安慰流泪的心
信步萌动的香泥
让僵硬的四肢恢复生机

清明
去者去矣
生者从头做起
父亲
请受女儿遥遥一拜
我不能回头,不能
请送我赶路去

　　　　　　　　　写于1990.3
　　　　　　　　1990.4.5　清明

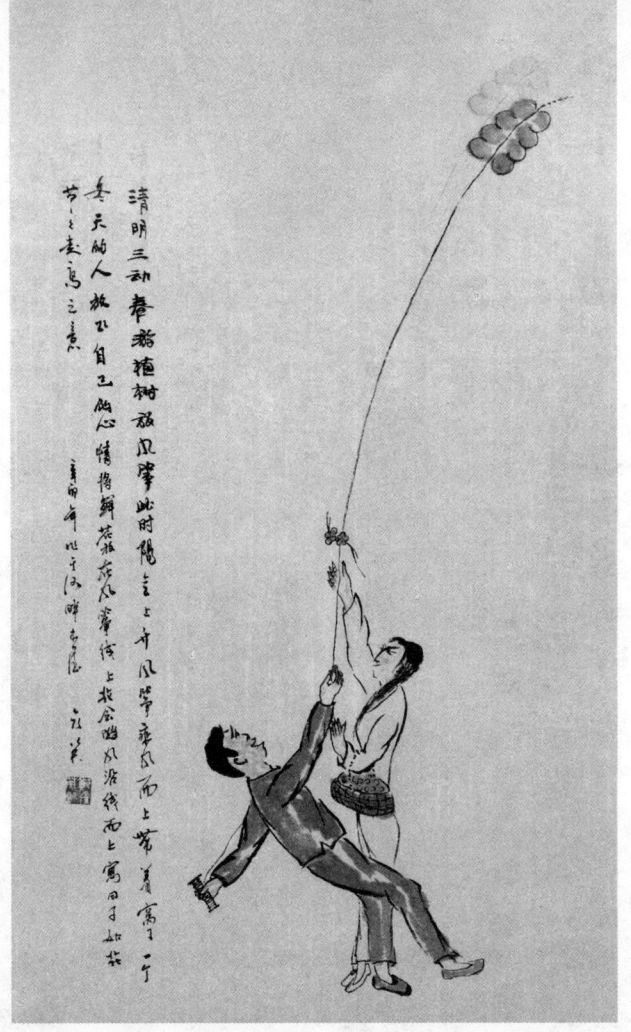

清明三动:春游,植树,放风筝。此时阳气上升,风筝乘风而上,带着窝了一个冬天的人,放飞自己的心情。将鲜花放在风筝线上,花会随风沿线而上,寓日子如花、节节走高之意。

谷雨

从布谷鸟的舌尖滑落下来
这玉润珠圆的音符
急切而欢畅
像接生婆婆的手等待着

是谷粒扬起又落下的声音
是母亲筛捡大豆的声音
是新麦洒向场院的声音
这化生百谷的雨雍容而至
沉甸甸地怀着身孕

举起一叶又一叶青萍
打开一朵又一朵牡丹
谷雨，谷雨
谷雨啊！ 母亲的爱一样天然

噢，让我拥抱你
为你奉上欢喜的红莲

2010.4.20　谷雨

二十四番花信风

花信风,应花期而来的风。

我国古代以五日为一候,三候为一个节气。每年冬去春来,从小寒到谷雨这八个节气里共有二十四候,每候都有某种花卉应时而开,于是便有了"二十四番花信风"之说。顺序为:

小寒:一候梅花,二候山茶,三候水仙;
大寒:一候瑞香,二候兰花,三候山矾;
立春:一候迎春,二候樱桃,三候望春;
雨水:一候菜花,二候杏花,三候李花;
惊蛰:一候桃花,二候棣棠,三候蔷薇;
春分:一候海棠,二候梨花,三候木兰;
清明:一候桐花,二候麦花,三候柳花;
谷雨:一候牡丹,二候荼蘼,三候楝花。

"二十四番风后,绿阴芳草长亭。"经过二十四番花信风之后,以立夏为起点的夏季便来临了。

谷雨前后,点瓜种豆。这是黄河流域一带人和土地共同的期待。

立夏(二首)

一

迎夏的仪仗已向南郊出发
朱衣玉佩，朱车赤马

红旗猎猎，展开无边无际
麦穗的清香

蛙试新鼓，锄影闪亮
油菜的芬芳逼近粮仓

一场雨
会激起无数丰收的涟漪

我已在子夜
悄悄为你洒下泪滴

啊！ 你热烈的目光
将蓬勃的绿燃成黄金

那时，噢，那时
我甘愿被欢庆的酒杯遗忘

2008.5.5　立夏

二

像一叠瀑布落入深潭
我在这个春天迅速老去
无视花开
如此轻易地忘掉心事

你一定懂，那些并未说出的话语
你一定能够感知我沉潜的过程
被搁置的花朵
被抛弃的蔬菜
被染污的海水和空气
被有意无意省略的恐惧
何曾如此贴近
这滚雷般的轰鸣促人沉思

果真已如此衰弱？
仿佛，连爱与思念也不值一提
不，我记得你的每一缕微笑
每一句暖心的话语
夏天到来的时候
我必将以激流的形式再次起程
必将重新长出茂密的青丝
一切都不会改变，你知道的
那些美好的事物
将一一回到我们心里

写于 2011.4.25～5.6
2011.5.6　立夏

　　立夏称人,始于三国,渐成习俗,自然也不再是原本的意义,演变成人们要记录下劳碌的分量与生命流动之中量的变化。计量数字便成了连接生命的数码。

小满（二首）

一

小满是我的妹妹
有着青绿头发
桃红面颊
闪亮眼眸的妹妹

小满是我的妹妹
有着苗条腰肢
柔软双手
结实小腿的妹妹

夏季风飞快掠过田野
麦穗泛起大地的颜色
小满，我的妹妹
在乡间小路上疾走
香了杏儿
甜了仙桃

2009.5.21 小满

二

地震，海啸，火山爆发
战争，大旱，有毒的餐桌
这灾难充斥的年头
深深打击着我
沉默吧，将人子的羞愧以华服包裹
沉湎于一场小病之中
切身感受阴阳不和
似寒实热，实亏虚盈
光鲜傲慢的生命其实如此不堪而脆弱
相比之下，小满是多么干净睿智
她说，青春的告别不是褪色而是闪烁
她说，生命的下场不是凋谢而是收获
噢，还有什么比银色的麦芒更悦人眼目
还有什么比无垠的金色麦浪更动人心魄
就算听不到布谷的叫声
就算等不到麦田守望者
春天兀自成熟饱满
大地无言，只是小满
小满，无需多说
谢天谢地。 我终于恢复了哭泣的能力
干涸的心田被好言好语打湿
离别之后何以自处
或许不成问题
如果，如果只是转身
何曾别离

写于2011.5.21～6.3
2011.5.21　小满

　　小满时节，小麦正在灌浆，三夏大忙眨眼就到，之后就是一路忙乎的夏秋，所以小满之日，走娘家成了中原地带约定俗成的民俗。

芒种

太阳的光华
唯有透过你方可凝视
芒,轻轻咬住一粒新麦
默念爱人的芳名
田野涌动
香气四溢
酿造的季节已经开始

收获吧——
大地把自己摆上祭坛
感恩的人
躬身将种子播进土里
面对你光明洁净的眼神
我热情的表白与情爱无关
我是大地
是大地上蓬勃的庄稼
是金色或绿色的叶
是粗糙或柔软的根须

这一世轮回，仿佛
只是为了感受你的好
称颂你不为人知的壮丽

　　　　　　　　写于2010.6.6～10
　　　　　　　　　2010.6.6　芒种

古谚云：四月芒，刚开镰，五月芒，不见田。说明自古以来，芒种是麦收的时节。

夏至

麦收过后
田野一夜间长出新苗
蝉不舍昼夜
一遍遍唱起了悟的歌谣

吃过夏至面,一天短一线
老祖先早已看破阴阳的嬗变

我曾经在短促的春天浪费许多时光
在这个漫长的夏天却异常警醒
想知道,你是从哪里获得了热情

哦,从你的眼睛里我找到了答案
水边的菖蒲,花园中的木槿
晴空闪耀着不知疲倦的星辰……

或许,在钟摆停止之前我会说
我曾经那样爱你
像母亲、女儿、姊妹一样热爱你
而时光之水如此浩荡
或许,我终将不置一词

唯有感叹
这最长的一天，真好
让我遇见你，握手，告别
在芬芳的晚风中写下怀恋的诗句
噢，这平凡而又伟大的一天
千百年来打着感恩的印记
生生不息的土地被庄严地摆上祭坛
古今同心，供奉如仪

写于2010.6.15～18
2010.6.21　夏至

夏至是农人最忙的时日，也是天气最为变幻莫测的日子。所谓"东边日出西边雨，道是无晴却有晴"，说的就是这个时候。

小暑（二首）

一

你说，火炬才刚燃起
光明和温暖已经降临
我却在孤独中意兴阑珊
火焰渐渐低迷
在高温天气感到寒冷
直到看见你的那一刻
生命活力才重新回到我心底
你就是这样进入我的生命
除了诗歌，没有任何言语
能够表达我的感动和归依
说出来的话是瀑布飞落的水珠
那难以表述的将自己掷为碎玉
化为清溪奔流不止
只能这样。 如果你是大地
我必润泽你的心田
如果你是大海
我必与你融为一体
我愿意为你而改变
以有节制的生命之火
烘烤这寒意深彻的人生

写于2010.6.29～7.2
2010.7.7　小暑

二

这是真的，这就是缘
梦中的相遇，意念中的吻
绿树的渴望，车位的变幻
热浪之上的白云蓝天

（有人赞叹云的美丽
有人看出暗藏的祸端
更多的人无知无觉
唔，末法时代
谁会在乎天地的通感）

杯中的水，迟到的安慰
好听的声音，如花的笑颜
我都会仔细记在心间

今日小暑
天气会越来越热
雨水会越来越多
这些，还没有被改变
一切都在飞速离去
永不回头
难道，我会离你越来越远

写于 2011.7.7～13
2011.7.7　小暑

小暑时节,北方人有吃新面的习俗。新麦磨成的新面,给人以力气,紧接着的三伏天以及之后的三秋,就能从容应对。

大暑（二首）

一

炙手可热的日子总是毁誉参半
有人抱怨它的酷暑
有人称颂它的烈焰
植物疯长，刻不容缓
甜美的果实迅速衰败
令人厌倦。 炙手可热的日子
毒药般迷醉
赤裸无遗，真实近乎虚幻
是热烈而无情的爱人
是严厉而慈悲的导师
是当头棒喝是霹雳闪电
暴雨，雷雨，阵雨
渐渐熄灭欲望之火
莲花绽放素颜
秋气西来。 我庆幸
你将进入悠长清净的
黄金季节。 期待

在一个茉莉飘香的午后
遇见你。 相视一笑
春风满面

写于2010.7.15
2010.7.23　大暑

二

不辞辛苦
走向夏季最炽热的一天
心有些落寞
后背尚有未愈的风寒
碧绿的田野打开高速路
一弯碧湖捧出几亩荷田
青山四围，水绕三面
一座孤岛足以托付身心
风将每一缕心事温暖
忧郁的沉思者不再沉默
大声言说，无需遮掩
哦，石头开出了九朵莲花
会心的微笑是最美的一朵
甘泉引路，昨夜的雨水
在石阶上闪烁
菩萨保佑一路平安
莲花洞中清凉无染

多么好，多么幸运
这珍贵的一天多么圆满

2011.7.23　大暑

大暑之日，大树之荫，暑气远而凉意近。读圣贤之书，沐阵阵清风，有小鸟飞近，鸣声忽远忽近，虽非竹林七贤，却如化境也。

立秋

穿过喧闹的街市
亲近一池绿水
这个秋天从赏荷开始
美貌的天人
与净土隔着咫尺
我眷恋所有难得的缘分
一路奔走,一次
再一次与你们相聚

听说,不断有人在离开
去往不知所终的地方
医院的走廊里躺满不幸的人
噢,我有多么可怜他们
就有多么珍重你
别忘了给我你的微笑
即使你可以主宰世界

看啊,夜的舞台上
优雅的歌者
娓娓诉说衷肠
我心疼她

为之洒下悲伤的泪雨

而凉意尚浅
我仍然对前路充满热情
在星光下与心爱的小妹一起
采摘蜜桃
谛听蟋蟀清亮的叫声
这一切，怎一个"秋"字
说得

写于 2010.8.8～9
2010.8.8　立秋

早晨立了秋,晚上凉嗖嗖,这是极其灵验的北方民谚。天凉了,身上需要热量,从立秋这一天就要补充,俗称贴秋膘。对老年人来说,贴秋膘非常重要,所以在黄河流域,有"立秋抱瓜,看老人家"的民俗。

处暑

一场秋雨
披一层薄凉在身上
盛夏的光焰渐渐熄灭
金色的火种被果实收藏

季节的轮回多么迅速
真该伏在一棵老树干上
痛哭一场

想起四月的那个黄昏
还是笑了
为命运的眷顾向天地顶礼

从春到夏
一盏心灯总是亮着
天冷的时候
请一定记得问候我啊

何止这些
千年
万年
又何妨

        2009.8.24 处暑

时令到了处暑,说明炎热的夏天开始结束,秋天的脚步声已经飘至耳边,于是要在夜晚放河灯,一是以美丽的荷花顺水漂流之意境送走夏天,二是用花中的灯火呼唤和迎接收获季节的到来。

白露（二首）

一

一场热情
不可遏制地冷却下来
凝结为黎明腮边的几许清泪

又梦见
你走在身后
不知何时已悄然丢失

路在很高的地方
少年跳跃而下，无有畏惧
中年人忧虑而孤单
除了一截求生的绳索

始终未能在日出之前醒来
目睹一场梦
如何结局

2009.9.7　白露

二

我看见天空成群飞过的水滴
你看到早晨湿润的花朵
我看见虚空的因
你看到清晰的果
真正智慧的,是你
不是我

我几乎忘记了所有过错
你记得一切痛苦和欢乐
该深切忏悔的
不是你而是我

我给予你的那么少
你回报我的这样多
该安心享福的
是你,不是我

2010.9.9　白露

　　白露是一个充满诗意的节气,于是就有了诗圣杜甫的"露从今夜白,月是故乡明"的佳句。而在民间,采白露当日的露水,称为甘露。

秋分（二首）

一

晴到多云
11 到 28 度
东南风 2 到 3 级

这一天的天气预报
很准

5 时 19 分，秋分时刻
是谁，在哪里
陷入莫名的心慌之中

一年中最后的温暖
我喜欢
这微凉的思念

颗粒归仓
农人已播下
来年的粮食

金风玉露
纵然是

再一次泄露了生命的秘密

我喜欢，接受
并且珍惜
这一生中最后的温暖

2009.9.23　秋分

二

这一轮圆月
无端地让我想要哭泣
难道还不够幸福吗
美满的月是那样慈悲
用他的光辉打开明净
将繁星的忧郁轻轻拭去
唯有　金星相伴
宇宙腮边的一颗琥珀泪
无可回避的伤悲
更是累世修行的善缘
怎能不顶礼感恩
岁月沧桑
我心一如初见时真纯
秋正好　留不住红颜
我是金星
是你生生世世的知音

2010.9.23　秋分
农历八月十六

农谚曰：白露早，寒露迟，秋分种麦最当时。大片平坦的土地上，轰隆隆的机械很快就将麦种好，但凡小片山地坡地，还是要人工播种。好在土地知恩，拉着耧就是拉着来年的收成和日子。

寒露(二首)

一

太阳一步一步远了
月亮一寸一寸瘦了

风儿一阵一阵凉了
手脚一天一天冷了

泪珠一夜一夜多了
心儿越来越笃定了

爱,不会抱怨
任它寒露为霜
为冰
爱不似候鸟追逐温暖
凭白发千尺
铺一地缱绻

2009.10.8 寒露

二

三十年之后
熄灭的不再是火焰
留在心底的是终生的温暖

菊花黄时
携手南行
五朵山
珍藏着我们年少时的欢颜

走过的山村
饮过的清泉
群峰环抱的打麦场
云遮雾罩的古道观
噢,青山依旧
茫然不识归途
往日景物不复再现

所幸,人皆安好
(愿仙逝者都到好地方)

老父亲仍可田间劳作
老母亲拒绝馈赠
的手劲儿不减当年
带我们翻山越岭的男孩
仍然守着家乡的山水
出口贸易却做得很远
领我们走亲戚的少年
仁厚深沉，儿女双全
小妹妹也已成家立业
所有的人，都还记得
我们的姓名和十七八岁的容颜

四棵树乡
这个多么亲切的院落
马尾松枝依然堆在灶火旁
一瓶清酒窖藏在记忆深处
烧玉米红柿子素饺子

胜过世上所有大餐
小哥哥指间烟草的味道
和山坡上的暮霭相明灭
晚风过处
林涛默默
也不知
有否眼泪滑下一颗

哦，那时
除了青春我们一无所有
心里装得下整个世界
而今，当星光化为露珠
在告别的道旁闪烁
除了庆幸与感恩
这相识的缘分
我们已不再希求更多

写于 2011.10.8～22
2011.10.8　寒露

时令到了寒露,每到晴夜,露水也重了许多,这是收获的重要时刻。蟹肥菊黄,这一天所采的菊花,色泽鲜艳,灿若金丝,可入药亦可单独为茶,清火润肺,随水而入经络,不但生津,亦可和性也。

霜降

带着萝卜的脆
柿子的甜
菊花的鲜
树叶的艳
从空中落下来
在深秋嫣红的面颊
敷一层冷香的粉

霜
降

糖葫芦一样
酸甜可口的音节
足以拨动所有人的心弦

一匹斑斓的织锦
层层叠叠
缠绕在北半球风姿绰约的腰间

岁月如此静好
连最忧伤的人也忘记了烦恼

让我以为
你会这样
终生与我相随

　　　　　　　　写于2009.10.23～11.2
　　　　　　　　　2009.10.23　霜降

　　霜降是秋天的符号和重要标志。白霜让枫叶变红,于是有了"霜叶红于二月花"的千古佳句。白霜也使果实积满了营养,丰满了容颜。摘柿子,便成了农家的丰收象征。

立冬(二首)

一

天冷了
热情也需要收藏起来
放在不会结冰的地方
等待春天
长出新芽

2008.11.7～18
2008.11.7　立冬

二

风乍起,黄叶纷飞
生命的悲凉涌出眼底
天地不为所动,会心
一笑,抖落负累

秋水共荻花沉思
又立冬了,又一个春天
即将到来
会心一笑
岁月静美

　　　　　　　　2010.11.7　立冬

立冬与立春、立夏、立秋合而称为四立,唯立冬是寒冷的通知书。为了抵御寒冷,人们除了食补以外,衣服是要首先准备齐整的。

小雪（二首）

一

一朵花
永远不会说出她开放的秘密

在滚烫的思绪中沉淀下来
碧绿的叶捧出她的金色
芳香的魂魄出走天涯

回首之际
泪如雨下

大地的冷
承受不起这份轻盈

多少不曾表白的话
就这样悄悄飘落
比所有的雨水都干净
仿佛星光
在幽暗的夜空写下童话

2008.11.22 小雪

二

南来的风
吹开入冬后小阳春般的笑容
我知道,你有一个红色的梦
就像小时候在太阳下
闭上眼,所看到的最美丽的红
我知道你一直在奔跑
有一天,带着满身热气跑进严冬
我愿意自己是一场雪
有着世上最温柔的心情
我也有了一个梦想,白色的
像雪后的空气那样洁净
只为了对你说
如果冬天可以下雪
如果冰雪可以消融
我们的梦,又怎能不盛开
一个个春天
化为和风细雨,柳绿花红

2010.11.22　小雪

小雪时节,各种于深秋收获的大叶蔬菜已经收割,放在屋里容易腐烂,放在屋外则容易冻坏,于是农人就在这个时候腌菜。大捆的菜特别壮瓮,腌制的菜可吃一个冬天。

大雪

今日大雪
将日历虚掩

沉湎于这两个字已经年

比事实更真实
比梦幻更虚幻
一夜之间
褪尽红颜

在一场大雪中忍住泪水
真的很难
血始终是热的
心始终是热的
找不到能够哭泣的地方
甚至理由
天很冷
不能打湿这个夜晚

水，不在乎形式
因痛苦而飞翔

比自身轻盈
比冰凌温暖
在这个日子
入禅

在一场大雪中痛哭
不让任何人看见
雪人的眼睛是黑的
鼻子是红的
你看见的
只是漫天飞舞的花瓣

2006.12.7　大雪

大雪是严冬的标志性时令。地里的农活没有了,温乎的日子等待着爱的发生和发展。相爱的人在这一天必然要互相搓脚心的。有民谚流传:大雪搓脚心,暖冬又暖春。

冬至

这最短的白昼
已够吃一顿饺子
喝两三壶茶
绿茶的爽
铁观音的香
像极了这些冰雪聪明的
美丽女子
氤氲　透彻
醉了也就醉了

在十字街头一一拥别
旁若无人走过黄昏
最长的夜
我将无思无虑度过

老祖宗早就说
吃过冬至饭
一天长一线
把希望系在太阳身上
准没有错

三九时节可以忽略不计
春天的花开
就在流水的低语中

2009.12.22　冬至

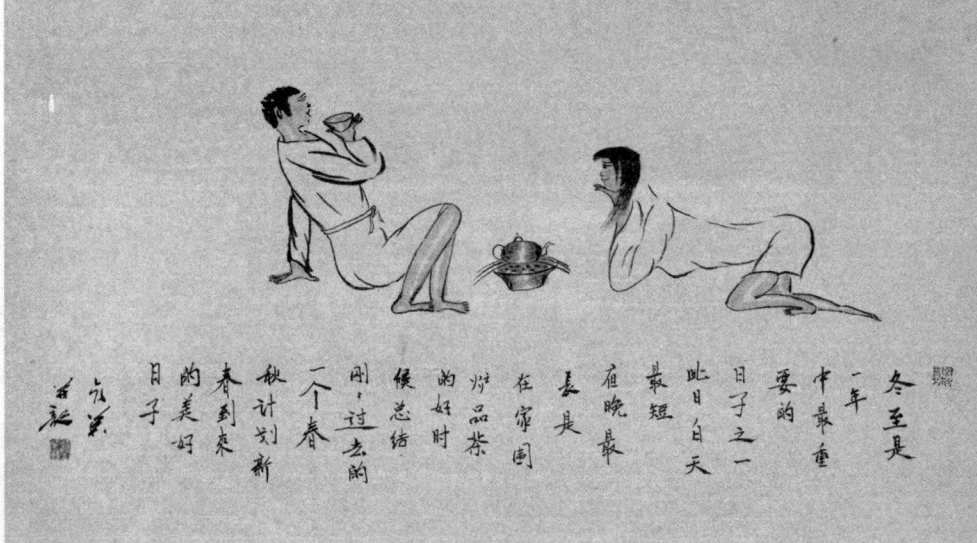

冬至是一年中最重要的日子之一。此日白天最短,夜晚最长,是在家围炉品茶的好时候,总结刚刚过去的一个春秋,计划新春到来的美好日子。

小寒（二首）

一

你穿过阴霾的天气走来
照亮了我的眼睛
冬至已过
太阳的脸孔越来越近
你义无反顾的步伐
像花开一样自然轻松

不停地说笑
快乐仿佛与生俱来
没有疑虑，也不需要想象
扉页已经悄然打开
直到关上那扇门
独自一人静坐良久
眼泪才恍然夺眶而出

感谢，过往的日子
感谢一切所有
在轰然坍塌的石头前
我站了很长时间

看见门开了又关
看见花谢了又开
看见爱如潮水
将咸涩的记忆洗得发白

哦，怎么能够说再见
在梦想的雪花还未飘落之前
怎么能够就此告别
在晨钟还没有敲响之前
手拉着手，向前走吧
花开的季节就在眼前

如果能够
温暖你孤独的心
我将不会走开
如果能够陪伴你
走过寂寞的旅途
我甘愿，就这样留下来

我知道大雁已开始北飞
喜鹊已经开始筑巢
我知道你永远不会走远
拉着手，向前走
向着太阳的方向出发
日子会过得越来越长

2009.1.5　小寒

二

一股股强冷空气呼啸而来
气温降至零下 9 度
仿佛去年的严寒没有离开
仿佛污浊的尘世让人倦怠

想起一位姊妹说过
要忍耐，黎明前总是最黑暗
想起一位兄弟说过
再坚持一段时间
想起一句农谚
小寒大寒寒得透
来年春天天暖和
心境不禁明朗起来

只是小寒而已
大寒便是强弩之末
据说大雁已经动身北飞
我也要收拾行装了

2010.1.5　小寒

九九消寒歌

一九二九不出手，
三九四九冰上走，
五九六九看杨柳，
七九河开,八九雁来,
九九加一九,耕牛遍地走。

早年在黄河流域,时兴用九九消寒图避寒养生,即用描红书法,钩出"亭前垂柳珍重待春风"九个字,从冬至开始,每天勾一个笔画,九九过后,八十一个笔画正好勾成。小寒之日,三九将至,勾画消寒图尤为重要。

大寒（二首）

一

总是在走
什么能留住匆匆的脚步

总是沉醉
谁来叫醒不知所终的梦

期待一场大雪
说出内心的忧伤和孤单

如果迟早能够看见太阳
又何必在乎这半明半暗的灯光

2009.1.20　大寒

二

玫瑰也好
康乃馨也好
还有漫天飞舞的雪花
装点一年中最后的节气
令人惊喜的又一场相逢
这生命的盛宴和节日

菜香圃，温暖的房屋
有着步步登高的阶梯
兄弟姐妹团团围坐
蜡烛被一一珍重点燃
被默默许下的愿望一口气收藏

青，萍
出生在大寒时节的女子
有着同样的纯真和善良
同样对温暖在心在意
亲爱的朋友
我会因你们的情谊
再次爱上这糟糕的尘世

抱着满怀玫瑰回家
转过冬天的街角
就被春天包围了

2010.1.20　大寒

大寒是一年中最寒冷的时节,也是一年中最后一个节气,河湖结冰达到最厚。农人爱到冰上滑冰,一为娱乐,二为健身,还有一个潜意识,快速冲过严冬,迎来新的春天。

下辑

我的中国节

明月几时有？把酒问青天。
不知天上宫阙，今夕是何年。
我欲乘风归去，又恐琼楼玉宇，
高处不胜寒。
起舞弄清影，何似在人间。

转朱阁，低绮户，照无眠。
不应有恨，何事长向别时圆？
人有悲欢离合，月有阴晴圆缺，
此事古难全。
但愿人长久，千里共婵娟。

——苏轼《水调歌头》

元宵节(二首)

一

一场喜雨洗净了天空
正好挂元宵节的一轮明月

据说，52年来
今晚10点49分的月亮最大最圆

母亲不会为这个时辰守候
雨已经下过，她一定睡得很安稳

我会像往常那样
看着今天和明天交接火把

抬头的时候
再次想起你的面容

2009.2.9 元宵节

二

雷声震震，传来喜讯
雨和着雪花缤纷而下
季节留恋着冬又憧憬着
春。 这个圆圆的日子
依然甜蜜红火
一盏盏灯笼次第开了
烟花灿烂，美得惊人

        2010.2.28　元宵夜

龙抬头

二月二,龙抬头
老祖宗对此深信不疑

龙虽威严,人人仰慕
虫类卑琐,人人厌离
飞龙在天,行云布雨
带来五谷丰登的日子
爬虫只能躲进暗中
咀嚼自己发霉的心事

二月二,龙抬头
大仓满,小仓流
在时光的轮回中
又见春暖,我依然
坚信这个道理

2010.3.17
农历二月初二,龙抬头日

二月二

二月二，见龙在田
见你，在水边
垂天翼鼓动绿色的风
神思万里如虹
我彻夜未眠
在时钟上刻下那句真言
以万象更新平衡淡定
龙抬头，惊蛰应
你在我心
从容，沉潜

2011.3.6

农历二月二,恰逢惊蛰

三月三

冰雹，春雨
大风过后
多么晴好的一天

始祖山下
黄帝故里
拜祖大典辉煌庄严

爱我的人，驱驰百里
朝夕相伴，赠以忠言
被阳光围裹，忽然入眠

喜欢我者，赠以诗篇
真挚，素朴，感人
平静的心湖漾起微澜

疼我之人，默默无语
在水边择菜、洗衣
把日子打理得一马平川

唔，这样就好
远离饥饿、寒冷
孤独、忧烦

不要疾病、伤亡
拒绝阴谋、争斗
似这般，人人都会感到舒展

三月三，一片新绿
擦得天蓝、水媚、风软
岁月静美，万物灿然

        2012.3.24
        农历三月初三

清明节

我想在四月拥有一个仪式
在这个被称为清明的节气
在这个传承了两千多年
而今已被忽略诸多原意的节日
看！ 莺飞草长，柳绿花红
万物清洁明净，充满生机
我们需要以庄严的仪式告慰逝者
用诗意的方式愉悦自己

这是一个长达三天的典礼
第一天是寒食节
让我们以国家的名义普天同祭
缅怀有德有功的圣人先贤
弘扬中华民族安身立命的道德大义
第二天是清明节
让我们合家团聚
扫墓，植树，怀念，展望
把亲情的丝线仔细梳理
第三天是踏青节
让我们到田野去，到公园去
放风筝，荡秋千

赏花看柳，畅怀游戏

让我们离亲友更近些
离祖先更近些
离土地更近些
离血脉更近些
让我们怀着感恩的心
在春风里放飞梦想
在春水中洗净愁怨
在庄稼地里重新获得热情
在这明媚的好时光里找回自己

        2011.4.5   清明节

端午节

从祖先坟头走向每一个村庄
从偏僻乡野走进喧闹街市
艾草，先于麦子回到生活
高置于家家户户门楣之上
就像青春，总是先有梦和诗歌

五月，花事繁盛
而瘟疫在潜行
需要更加强烈的阳光
需要更加开阔的风
需要更加血性的爱
需要，更加内省的感动

2009.5.28　端午节

七夕

飞越时空
回到这个夜晚
只是为了了却尘缘
以为已经忘掉所有
无边的沉默
早已模糊了彼此的容颜

你的声音
我的梦
你的目光
我的醉
你的笑啊
让我心碎

不说拥有
不说放弃
不谈今生
不谈来世
怎么说
都分不清错与对

月光啊
穿透了我的心
星光啊
凝固了我的泪
明天早晨的太阳
会将一切抹去
分不清
天使和魔鬼

那又如何
我不管对与错
天使或魔鬼
什么也不要
说完这句话
我将一去不回

2008.8.7
农历七月初七,七夕节
恰逢立秋

中元节忆父亲

怎么能相信这是真的

难道熟悉的一举一动
就这样突然消失
难道昨日的笑声
只能是辛酸的记忆
难道爱与感激
终成绝望的忏悔
难道恨
也只能是自我嘲弄

你眼睛一闭
便洒脱如初
我却失去了一个世界
一种牢固的依托
噢！你忍心叫我如此孤单
一次平淡的告别
就这样遗憾成化石
为此在不该做梦的年龄
我仍然抱着离奇的幻想
也许，也许

也许有一天
你会突然出现在我面前

翘望地平线
翘望地平线
我目光苍茫
白发斑斑
这时我才明白
尽管世界很大很大
我们却永不能找到那片乐土
尽管地平线后还有平原
而有一条
它的背后是深渊
无论怎样虔诚的目光
在此也只能破碎
或空虚
那么谁
能拯救我
逃出这深深的怀念

　　　　　　　写于 1985.8.30
　　　　农历七月十五,中元节

中秋

是中秋之夜
雨后的明月清辉四溢
站在斑驳的树影里
妈妈，我想念你

这千年相思的情绪
无可躲避地拂掠我
经风沐雨的脊背
此刻，我不堪一击

我是你倔强的孩子
孤独地走着不回头的路
我是你柔弱的女儿
却从不当着别人的面哭泣

想念你的时候
有止不住的泪雨
拜托月光
带去我的祝福和歌声
祝你健康，妈妈
我挺好，你要无忧无虑
在这首无字的绵长的歌里
我放进了全部的自己

清如莲

低头弄莲子
莲子清如水

如水的莲子
在手中暖了
在火中淬了
在陶中醉了
在一盏茶中
复活

如月的饼儿
在手中团了
在火上热了
在心里寄了
在一轮月中
诉说

是相知
淡如水
清如莲

写于 2010.9.17
2010.9.22 中秋节

思念的节日

像亲人一样思念你
不只是在这个日子
今天啊
因了王维的吟诵
我泪眼迷离

不只是在这个日子
像亲人一样思念你
今天啊
因了菊花的包围
我不堪一击

请允许我
像亲人一样思念你
像孩童的眼神那样无邪
像茱萸的香气那样浓郁

思念你
不只是在这个日子

2006.10.30
农历九月初九,重阳节

重阳节登伏牛山并访函谷关

到豫西大峡谷来看秋色
满山却蓬勃着春的温暖
天蓝，云淡，山青
瀑布跌宕，溪流潺潺
大枣已收藏起夏日的火热
寺河山的苹果秀色可餐
过了一个叫秋凉河的村子
东汉村的野菊花呀
染香了美人的衣衫

看紫气东来
青牛的蹄音隐约可闻
大道通天，函谷关
挽留住一部五千言经典
噢，那时
是一个怎样的季节
那位双耳垂肩的智者
有着怎样的容颜
我能再次遇见你吗
在重阳时节
在这样一个美好的秋天

我会遇见你！对你说
先生，请留下来
我们还需要一首诗
抚慰心中的焦虑
和身边的苦难

2010.10.16
农历九月初九，重阳节
于河南省第十五届黄河诗会
暨三门峡旅游采风笔会

今又重阳

九月九日，又是重阳
茱萸火红，菊花金黄
山色依然那样漂亮
从不曾忘记你
此刻也无需黯然神伤
攀登之中
有时痛苦，有时快乐
晴间多云的天气
时而温暖，时而寒凉
埋头走路
默默修行
每一个闪念都有亮光
我们只是在不同的山中
子不语
心有所感悟
登高望远
不伤情，自难忘

2011.10.5　重阳节

十月祭

假如花环和纸钱
能买通复活的道路
我将焚尽世界上最后一张纸
踏遍海角天涯
采撷最后一把花束
只要你能回来
父亲啊
走出那黄土垒筑的坟墓

假如哀思和眼泪
能开启死亡的大门
我将把每一分钟交给忧愁
换回满头白发和满脸皱纹
我将洒尽最后一滴泪水
继之以血
父亲啊，只要你能回来
逃脱那恶魔的监禁

假如岁月曾将你尘封
在我心灵最隐秘的角落
假如接踵而至的欢乐和悲哀

曾冲淡了我对你的记忆
父亲，今天属于你
只属于你
回到我的梦中来
回到我的心中来
我只要再看你一眼
重温那甜蜜往事

写于 1984.10.24
农历十月初一，十月朝节

腊八

腊八
醇厚的滋味绵延千年
这慈悲的施与
一直温暖我

腊八
像一串清脆的鞭炮
迎春的庆典
就此开始了

2010.1.22
农历腊月初八,腊八节

元旦

像垂暮之人独坐黄昏
你坐在灰白的草丛间
你坐在褐色的落叶上
你坐在消瘦的树枝上
旧年的最后几个日子
你微阖双目,安享宁静的阳光

空气好稀薄,已停止流动
云儿多懒散,如梦似幻
有一只雀儿无声滑过
像一笔淡淡的速写
旧年最后的几个日子
你轻抱双臂,做沉睡之姿

是什么在无形中微微颤动
哪儿来的几缕清香,抚过面庞
绝妙的音乐,细若游丝飘然而至
谁的明眸,透过纱帷闪烁如星
元旦,元旦! 新的一天
你轻移莲步,来向人间

该如何赞美你，妙不可言的仙人
你挥洒雪花，覆盖了万物
有婴儿的啼哭飞出红窗帘
有阵阵笑声起自肺腑
元旦，元旦！ 新的一年
紧随着你的，是希望和幸福

让我们同声歌唱这欢乐时刻
忘掉往日烦恼，拥抱新的生活

写于1983年元旦

春节（二首）

有钱没钱，回家过年。
——谚语

一

理发，扫屋，浆洗
天公如果作美
还会把万物粉饰一新

过往的三百多个日子
就此打包，封存
郑重地贴上红纸

天地人神
态度出奇地一致
既往不咎
恩怨尽释
一切都可以从头开始

有钱没钱，回家过年
从南到北，从东到西

流行一件事：回家
认同一种关系：亲戚
风靡一种颜色：中国红
推崇一个时尚：穿新衣
盛行一种游戏：放鞭炮
共有一个习惯：看电视

敲锣打鼓
驱散了远古的集体恐惧
鞠躬作揖
柔软了隆冬的坚冰
拉近了你我的距离
春将来临
为一切带来崭新的希望
怎不让人通宵达旦
竭尽所能，倾其所有
举杯相庆，欢天喜地

2011.12.10

二

春节是一副副大红对联
贴在家家户户门上
把每间屋子都照得亮堂堂的

春节是一挂挂喜庆鞭炮
挑在户户家家门前
把每个日子都敲得响当当的

春节是一件件鲜亮的新衣
放在大人孩子枕边
把每张笑脸都映得红彤彤的

春节是一碗碗热腾腾的饺子
端上合家团圆的餐桌
让长辈晚辈都满心欢喜

呵，春节
是一间间温暖的房屋
是一盏盏明亮的灯火
是一幅幅精美的年画
是一扇扇艳红的窗花
是一声声亲热的问候
是一张张幸福的笑脸
是普天同庆的东方节日
是迎接春天的欢乐盛典

2010.2.14 春节

附录一

关于二十四节气

二十四节气歌(见本书 002 页)

二十四节气的来历

二十四节气起源于黄河流域。远在春秋时代,就定出仲春、仲夏、仲秋和仲冬四个节气。以后不断地改进与完善,到秦汉年间,二十四节气已完全确立。公元前104年,由邓平等制定的《太初历》,正式把二十四节气订于历法,明确了二十四节气的天文位置。

太阳从黄经零度起,沿黄经每运行15度所经历的时日称为一个"节气"。每年运行360度,共经历24个节气,每月2个。其中,每月第一个节气为"节气",即立春、惊蛰、清明、立夏、芒种、小暑、立秋、白露、寒露、立冬、大雪和小寒12个节气;每月的第二个节气为"中气",即雨水、春分、谷雨、小满、夏至、大暑、处暑、秋分、霜降、小雪、冬至和大寒12个节气。"节气"和"中气"交替出现,各历时15天。现在人们已经把"节气"和"中气"统称为"节气"。

二十四节气反映了太阳的周年视运动,所以节气在现行的公历中日期基本固定,上半年在6日、21日,下半年在8日、23日,前后相差1~2天。

随着中国历法的外传,二十四节气已流传到世界许多地方。

二十四节气的含义

二十四节气是我国劳动人民独创的文化遗产，它能反映季节的变化，指导农事活动，影响着千家万户的衣食住行。由于2000年来，我国的主要政治活动中心多集中在黄河流域，二十四节气也就是以这一带的气候、物候为依据建立起来的。由于我国幅员辽阔，地形多变，故二十四节气对于很多地区来讲只是一种参考。

从二十四节气的字面含义来看：

立春、立夏、立秋、立冬：分别表示四季的开始。"立"即开始的意思。"四立"一般在每年公历的2月4日、5月5日、8月7日和11月7日前后。

夏至、冬至：表示夏天、冬天到了。"至"即到的意思。夏至日、冬至日一般在每年公历的6月21日和12月22日前后。

春分、秋分：表示昼夜长短相等。"分"即平分的意思。这两个节气一般在每年公历的3月20日和9月23日左右。

雨水：表示降水开始，雨量逐步增多。每年公历的2月18日前后为雨水。

惊蛰：春雷乍动，惊醒了蛰伏在土壤中冬眠的动物。这时气温回升较快，渐有春雷萌动。每年公历的3月5日左右为惊蛰。

清明：含有天气晴朗、空气清新、逐渐转暖、草木繁茂之意。公历每年大约4月5日为清明。

谷雨：雨水增多，大大有利谷类作物的生长。公历每年4月20日前后为谷雨。

小满：夏熟作物的籽粒开始灌浆饱满，但还未成熟，只是小满，还未大满。大约每年公历5月21日这天为小满。

芒种：麦类等有芒作物成熟，夏种开始。公历每年6月5日左右为芒种。

小暑、大暑、处暑：暑是炎热的意思。小暑还未达最热，大暑才是最热时节，处暑是暑天即将结束的日子。它们分别处在每年公历的7月7

日、7月23日和8月23日左右。

白露：气温开始下降，天气转凉，早晨草木上有了露水。每年公历的9月7日前后是白露。

寒露：气温更低，空气已结露水，渐有寒意。这一天一般在每年的10月8日。

霜降：天气渐冷，开始有霜。霜降一般在每年公历的10月23日。

小雪、大雪：开始降雪，小和大表示降雪的程度。小雪一般在每年公历11月22日，大雪在12月7日左右。

小寒、大寒：天气进一步变冷，小寒还未达最冷，大寒为一年中最冷的时候。公历每年1月5日和1月20日左右为小、大寒。

二十四节气七言诗(三首)

一

地球绕着太阳转，绕完一圈是一年。
一年分成十二月，二十四节紧相连。
按照公历来推算，每月两气不改变。
上半年是六廿一，下半年逢八廿三。
这些就是交节日，有差不过一两天。
二十四节有先后，下列口诀记心间：
一月小寒接大寒，二月立春雨水连；
惊蛰春分在三月，清明谷雨四月天；
五月立夏和小满，六月芒种夏至连；
七月小暑和大暑，立秋处暑八月间；
九月白露接秋分，寒露霜降十月全；
立冬小雪十一月，大雪冬至迎新年。
抓紧季节忙生产，种收及时保丰年。

二

西园梅放立春先，云镇霄光雨水连。
惊蛰初交河跃鲤，春分蝴蝶梦花间。
清明时放风筝好，谷雨西厢宜养蚕。
牡丹立夏花零落，玉簪小满布庭前。
隔溪芒种渔家乐，农田耕耘夏至间。
小暑白罗衫着体，望河大暑对风眠。
立秋向日葵花放，处暑西楼听晚蝉。
翡翠园中沾白露，秋分折桂月华天。
枯山寒露惊鸿雁，霜降芦花红蓼滩。
立冬畅饮麒麟阁，绣襦小雪咏诗篇。
幽阃大雪红炉暖，冬至琵琶懒去弹。
小寒高卧邯郸梦，捧雪飘空交大寒。

三

立春梅花分外艳，雨水红杏花开鲜；
惊蛰芦林闻雷报，春分蝴蝶舞花间。
清明风筝放断线，谷雨嫩茶翡翠连；
立夏桑果像樱桃，小满养蚕又种田。
芒种玉秧放庭前，夏至稻花如白练；
小暑风催早豆熟，大暑池畔赏红莲。
立秋知了催人眠，处暑葵花笑开颜；
白露燕归又来雁，秋分丹桂香满园。
寒露菜苗田间绿，霜降芦花飘满天；
立冬报喜献三瑞，小雪鹅毛飞雪片。
大雪寒梅迎风开，冬至瑞雪兆丰年；
小寒游子思乡归，大寒岁底庆团圆。

二十四节气农事歌

立春：立春春打六九头，春播备耕早动手，一年之计在于春，农业生产创高优。

雨水：雨水春雨贵如油，顶凌耙耘防墒流，多积肥料多打粮，精选良种夺丰收。

惊蛰：惊蛰天暖地气开，冬眠蛰虫苏醒来，冬麦镇压来保墒，耕地耙耘种春麦。

春分：春分风多雨水少，土地解冻起春潮，稻田平整早翻晒，冬麦返青把水浇。

清明：清明春始草青青，种瓜点豆好时辰，植树造林种甜菜，水稻育秧选好种。

谷雨：谷雨雪断霜未断，杂粮播种莫迟延，家燕归来淌头水，苗圃枝接耕果园。

立夏：立夏麦苗节节高，平田整地栽稻苗，中耕除草把墒保，温棚防风要管好。

小满：小满温和春意浓，防治蚜虫麦秆蝇，稻田追肥促分蘖，抓绒剪毛防冷风。

芒种：芒种雨少气温高，玉米间苗和定苗，糜谷荞麦抢墒种，稻田中耕勤除草。

夏至：夏至夏始冰雹猛，拔杂去劣选好种，消雹增雨干热风，玉米追肥防粘虫。

小暑：小暑进入三伏天，龙口夺食抢时间，玉米中耕又培土，防雨防火莫等闲。

大暑：大暑大热暴雨增，复种秋菜紧防洪，勤测预报稻瘟病，深水护秧防低温。

立秋：立秋秋始雨淋淋，及早防治玉米螟，深翻深耕土变金，苗圃芽接摘树心。

处暑：处暑伏尽秋色美，玉米甜菜要灌水，粮菜后期勤管理，冬麦整地备种肥。

白露：白露夜寒白天热，播种冬麦好时节，灌稻晒田收葵花，早熟苹果忙采摘。

秋分：秋分秋雨天渐凉，稻黄果香秋收忙，碾谷脱粒交公粮，山区防霜听气象。

寒露：寒露草枯雁南飞，洋芋甜菜忙收回，管好萝卜和白菜，秸秆还田秋施肥。

霜降：霜降结冰又结霜，抓紧秋翻蓄好墒，防冻日消灌冬水，脱粒晒谷修粮仓。

立冬：立冬地冻白天消，羊只牲畜圈修牢，培田整地修渠道，农田建设掀高潮。

小雪：小雪地封初雪飘，幼树葡萄快埋好，利用冬闲积肥料，庄稼没肥瞎胡闹。

大雪：大雪瑞雪兆丰年，多种经营创高产，及时耙耱保好墒，多积肥料找肥源。

冬至：冬至严寒数九天，羊只牲畜要防寒，积极参加夜技校，增产丰收靠科研。

小寒：小寒进入三九天，丰收致富庆元旦，冬季参加培训班，不断总结新经验。

大寒：大寒虽冷农户欢，富民政策夸不完，联产承包继续干，欢欢喜喜过个年。

二十四节气古诗词选

立春偶成
宋·张栻

律回岁晚冰霜少，春到人间草木知。
便觉眼前生意满，东风吹水绿参差。

春夜喜雨
唐·杜甫

好雨知时节，当春乃发生。
随风潜入夜，润物细无声。

野径云俱黑,江船火独明。
晓看红湿处,花重锦官城。

观田家
唐·韦应物

微雨众卉新,一雷惊蛰始。
田家几日闲,耕种从此起。
丁壮俱在野,场圃亦就理。
归来景常晏,饮犊西涧水。
饥劬不自苦,膏泽且为喜。
仓廪无宿储,徭役犹未已。
方惭不耕者,禄食出闾里。

钱塘湖春行
唐·白居易

孤山寺北贾亭西,水面初平云脚低。
几处早莺争暖树,谁家新燕啄春泥。
乱花渐欲迷人眼,浅草才能没马蹄。
最爱湖东行不足,绿杨阴里白沙堤。

清明
唐·杜牧

清明时节雨纷纷,路上行人欲断魂。
借问酒家何处有?牧童遥指杏花村。

闻道林诸友尝茶因有寄
唐·齐己

枪旗冉冉绿丛园，谷雨初晴叫杜鹃。
摘带岳华蒸晓露，碾和松粉煮春泉。
高人梦惜藏岩里，白硾封题寄火前。
应念苦吟耽睡起，不堪无过夕阳天。

幽居初夏
宋·陆游

湖山胜处放翁家，槐柳阴中野径斜。
水满有时观下鹭，草深无处不鸣蛙。
箨龙已过头番笋，木笔犹开第一花。
叹息老来交旧尽，睡来谁共午瓯茶。

初夏即事
宋·王安石

石梁茅屋有弯碕，流水溅溅度西陂。
晴日暖风生麦气，绿阴幽草胜花时。

芒种后积雨骤冷（三绝）
宋·范成大

一

梅霖倾泻九河翻，百渎交流海面宽。
良苦吴农田下湿，年年披絮播秧寒。

二

梅黄时节怯衣单，五月江吴麦秀寒。
香篆吐云生暖热，从教窗外雨漫漫。

三

一庵湿蛰似龟藏，深夏暄寒未可常。
昨日蒙绨今挟纩，莫嗔门外有炎凉。

夏至日作
唐·权德舆

璇枢无停运，四序相错行。
寄言赫曦景，今日一阴生。

山亭夏日
唐·高骈

绿树阴浓夏日长，楼台倒影入池塘。
水精帘动微风起，满架蔷薇一院香。

夏夜追凉
宋·杨万里

夜热依然午热同，开门小立月明中。
竹深树密虫鸣处，时有微凉不是风。

立秋
宋·刘翰

乳鸦啼散玉屏空，一枕新凉一扇风。
睡起秋色无觅处，满阶梧桐月明中。

秋词
唐·刘禹锡

一

自古逢秋悲寂寥，我言秋日胜春朝。
晴空一鹤排云上，便引诗情到碧霄。

二

山明水净夜来霜，数树深红出浅黄。
试上高楼清入骨，岂如春色嗾人狂。

白露
唐·杜甫

白露团甘子，清晨散马蹄。
圃开连石树，船渡入江溪。
凭几看鱼乐，回鞭急鸟栖。
渐知秋实美，幽径恐多蹊。

秋半西风急
宋·佛果圆悟

秋半西风急，当空月正圆。
萧萧木叶落，湛湛露珠悬。
嘹唳冲云雁，凄清抱树蝉。
头头浑漏泄，切忌觅幽玄。

十五夜望月
唐·王建

中庭地白树栖鸦，冷露无声湿桂花。
今夜月明人尽望，不知秋思落谁家？

枫桥夜泊
唐·张继

月落乌啼霜满天,江枫渔火对愁眠。
姑苏城外寒山寺,夜半钟声到客船。

立冬
明·王稚登

秋风吹尽旧庭柯,黄叶丹枫客里过。
一点禅灯半轮月,今宵寒较昨宵多。

对雪
唐·高骈

六出飞花入户时,坐看青竹变琼枝。
如今好上高楼望,盖尽人间恶路歧。

夜大雪歌
宋·陆游

朔风吹雪飞万里,三更簌簌鸣窗纸。
初疑天女下散花,复恐麻姑行掷米。
异哉冻砚已生冰,信矣重衾如泼水。
山中卧涧松竹折,庭前蔽地乌鸢死。
昨日之暖殊昏昏,桃李欲坼春满园。
阴阳错缪世或有,物穷则变古所言。
虽云明年幸一麦,冻馁沟壑知谁存?
呜呼今夕之雪未足论,所忧明日嶊高塞门!

冬至吟（二首）
宋·邵雍

一

冬至子之半，天心无改移。
一阳初起处，万物未生时。
玄酒味方淡，大音声正希。
此言如不信，更请问庖牺。

二

何者谓之几，天根理极微。
今年初尽处，明日未来时。
此际易得意，其间难下辞。
人能知此意，何事不能知。

问刘十九
唐·白居易

绿蚁新醅酒，红泥小火炉。
晚来天欲雪，能饮一杯无？

苦寒吟
唐·孟郊

天寒色青苍，北风叫枯桑。
厚冰无裂文，短日有冷光。
敲石不得火，壮阴夺正阳。
苦调竟何言，冻吟成此章。

附录二

分享生命的感动

萍子诗歌的变与不变

◎ 高金光

　　萍子一直是我非常尊敬的学友，也是我非常尊敬的诗人。她写诗很早，成名也很早，还在河南大学就学时，她的诗名就已享誉校园内外。80年代初的河南大学，有一个羽帆诗社，聚集着一大批热爱诗歌的青年学子，萍子当时就是其中非常重要的一员。作为比她低一年级的学弟，我对萍子始终是仰慕的，她的诗常常成为我学习追赶的目标。

　　20多年来，萍子始终没有间断诗歌创作，取得了丰硕的成果，并先后出版了多部诗集，她的比较重要的作品主要收在了《纯净的火焰》和《萍子观水》中。综观萍子的诗，特别是对她先后出版的这两部诗集的比较，我发现她有可贵的两个变和两个不变。变在何处？一是介入生活的视角变宽阔了，二是诗歌内在的质地变厚重了。不变在哪儿？一是纯净的本色没有变，二是坚持的追求没有变。

　　所谓介入生活的视角变宽阔了，是说萍子的诗歌开始介入到了现实的社会层面之中。萍子是一个漂亮、多情、单纯、敏感的女子。她对大自然的山水、草木、花鸟、鱼虫，包括季节转换，特别敏锐；她对爱情的热望、憧憬、迷恋，特别持久；她对人间友情友爱的追寻、捕捉、期待，特别痴情。所以在她的诗中，这些一直是贯穿始终的主线。她最近创作的组诗《我的二十四节气》，仍然体现了这一特点。我坚持认为，作为一个诗人，爱写什么，不爱写什么，对什么题材擅长，对什么题材不擅长，是诗人的选择，也是诗人的自由。但作为一个社会中的人，诗人还应当力求使自己拥抱更广阔的社会生活，发出自己诗歌的声音。可喜的是，在《萍子观水》中，已经有了这样的变化。譬如她写的《英雄》、《我们在一起》、《笑迎奥运》、《我们是幸运的小树苗》等，对汶川地震、北京奥运会等重大事件，对高大的英雄，对平凡的农民工以及他们的子女，都给予了关注，体现了一个诗人高度的社会责任感，值得肯定。

所谓诗歌内在的质地变厚重了，是说萍子的诗歌有了更耐人咀嚼的思想内涵或理性色彩。或许是随着年龄的渐长，萍子对生活的理解，包括对爱情的理解，都有了新的感悟和深度。那个曾经陶醉在浪漫气息中的萍子，那个曾经被幸福包围，在"八月的黄昏里"也能看见"坐满了花朵"的萍子，现在也说出了这样的话：恋爱中的女人/执迷不悟/像个傻子……别再苦苦追寻/你不过是爱上了爱/那蝴蝶的影子（《受伤的花朵》）。当然，更能体现萍子诗歌内在质地变化的，是一首标题为《河伤》的诗。在河流上建大坝，是人类的杰作，是人间的奇迹，甚至产生巨大的经济效益，创造出许多世界第一，诗人们放声歌唱它、赞美它，是自然的，也是必然的。但萍子有自己独特的认识，她说：我爱自由奔放的河流/胜过人类的丰功伟绩。这两句诗太棒了，在资源环境不断恶化的今天，给人们留下了巨大的思考空间。有了这两句，我要对萍子更加刮目相看。

所谓纯净的本色没有变，是说萍子的诗歌始终是明亮的、净洁的、向善的。在物欲横流的当下，她能保持这一品质，实在难能可贵。我想，这与萍子一直葆有着一颗热爱生活的美好的心灵有关。她的诗，坚持了诗歌传统的美学原则，从中国和西方古典的诗歌中汲取了很多精华，追求人与自然的和谐共处，追求爱和善的至高境界，追求宁静恬淡的人生状态，正像她的诗集《纯净的火焰》的名字所说，情感的火焰是浓烈的，又是纯净的。这浓烈又纯净的诗歌不仅打动了我，我相信也会打动更多的人。

所谓坚持的追求没有变,是说萍子的诗歌绝不跟风,没有受诗坛各种不良风气的影响。正像她自己所说:"我只写我真真切切感受到的东西。"许多诗歌流派的作品她也读过,但她没有追逐过潮流,这一点在当下的诗坛也是了不起的。我们读萍子的诗,能够强烈地感受到与心灵的契合,不陌生化,不生涩化,亲切亲近,自由自然,诗风质朴,明白如话,清风扑面。

萍子就在这变与不变间成就了自己。

什么是好诗?我的判断有五个字:情、理、句、形、味。情,即感情;理,即思想;句,即好句或名句;形,即表现形式或创作手法;味,即韵味。这五者能占其一,即是一首比较成功的诗。当然,能五项全占,就能成为经典,传之久远。诗人创作时,要尽可能使自己的诗在这样几个层次上都能达到一定的境界。

诗歌动人的地方首先在情,这一点毋庸置疑。但如果能将情和思、情和理水乳交融地结合在一起,无疑会更好,就能出好句、出韵味。有人说,诗歌应当拒绝理性,甚至还有人说,诗歌应当拒绝情感,都是非常偏颇的观点。

总之,我很喜欢萍子的诗。她很擅长情感的表达,借景借人借物抒情的功底非常扎实、娴熟。她的诗歌诗句优美、意象丰富、情感浓郁,达到了应有的艺术高度,应当引起诗坛的关注。

(作者为河南省诗歌学会执行会长、《党的生活》杂志社副总编辑)

萍子诗歌印象:分享生命的秘密

◎吴元成

> 金风玉露
> 纵然是
> 再一次泄露了生命的秘密
>
> ——萍子《秋分》

萍子是师姐更是诗姐。20世纪80年代初那如火如荼的新诗潮也曾席卷了我们的青春。铁塔下、礼堂前、城墙上，都留下了我们稚嫩的声音。也曾经和包括萍子在内的河南大学羽帆诗社诗友一起骑车去黄河柳园口踏青放歌。萍子给我的印象是：美丽、阳光，更重要的是秀外慧中。一眨眼，三十年过去了，萍子诗歌创作也有了三十载的探索和收获。

如果说，她的第一本诗集《纯净的火焰》是其前十年的心路缩影，燃烧的青春、纯洁无瑕的情感充盈其中，特别是其中的爱情十四行诗，令人痴迷难忘；如果说，她的第二本诗集《萍子观水》是其中间十年的行走和歌唱，她把自己完全交给自然，交给山水，交给自己的心，用旅行者、诗人的触角，用禅的方式进入生活和诗歌写作；那么，今天萍子带给我们的《我的二十四节气》，就是萍子这近十年特别是近几年一个新的跨越。

近十年，借助网络的便捷，诗歌风起云涌，同时呈现泥沙俱下、良莠不齐的"金字塔"格局，那些葆有良知和责任的诗人，以热切而理性的人文关怀站在塔尖之上。我们也注意到，这十年的国内新诗创作出现了不少优秀的诗人和作品，河南当然也在其中。可以说，包括萍子和许多河南诗人在内的中原诗歌群体使河南诗歌进入了新诗百年来最好的发展时期。同时，我们还应该看到，近年来，类型诗歌创作是一个值得关注的现象，这在某种意义上可以看做是诗人们在进行新的探险和发现之旅，是在对自我风格的完善，是对自我写作的突破甚至是带有颠覆性价值的行为。但毋庸讳言，一些类型诗歌因为自我修为的欠缺，以及对写作技巧方法创新的忽视，更因为思想的浅薄和直白，往往过于"类型化"。就"节气"诗而言，萍子的这个二十四节气是真正的"我的二十四节气"。相信大家通过阅读，完全可以体会到其中三昧：在表达上的老辣与娴熟，在情感上的真挚与节制，在意境营造上的独到和思想开掘上的深刻，"师姐十诗姐"为我做出了标尺。因为其风貌的多样性，我既喜欢《立夏》这样的浪漫洒脱，也惊讶于《乌鸦的叫声具有意义》所显示的深邃，更迷醉于《二月二》如此精到、如此内敛的短章：

> 二月二，见龙在田
> 见你，在水边
> 垂天翼鼓动绿色的风
> 神思万里如虹
> 我彻夜未眠
> 在时钟上刻下那句真言
> ……
> 你在我心
> 从容，沉潜

这首作于 2011 年 3 月 6 日的诗歌，已经成为萍子新的经典，也必将开启她的新一个十年之旅。

也就在那一天,萍子的老乡、校友、诗友田原自扶桑归来,我们一起通过美酒见证了"惊蛰"的神奇。这种神奇,来自于诗人的敏感,来自于诗人的积累,来自于她持续三十年的一贯追求——对生命奥秘的追问和见证,正是诗人的天职。萍子经历和思考的独特性,决定了她的作品的个性。要知道,做一个有思想的人是难的,做一个善于思想而且善于表达思想的诗人,难乎其难!

这就又回到老生常谈的话题:在语言形式上,一些网络诗歌的随意性和一些故作高深的写作正在伤害着诗歌的健康。我们,我们的时代,我们的未来到底需要什么样的诗歌?物质速朽,"精神产品"也未必就永恒——作为人类中爱思想喜欢分行言说的诗人,至少要让今天和未来的人能够读懂你的表达,并可以品味其中的情感和思想;你得对得起你的分行阅读,对得起你曾经思考过的存在。所以,我比较偏爱萍子的方式,在看似平实的言说背后呈现了诗歌美好的意境和前景,也自然而然地回答了当下诗歌的某些疑惑。

祝福诗姐,祝福河南,祝福诗歌!让我们一起去"偏爱"和享受生命的秘密。

(作者为河南省诗歌学会副会长、秘书长,《河南法制报》编委)

把一切都看做好意
——读萍子近作《我的二十四节气》

◎ 张鲜明

真，善，美，爱，阳光，希望，欢畅，开朗，感恩，悲悯……读诗人萍子近作《我的二十四节气》，总是情不自禁地想起这些词汇。如果要概括这组诗的主题，我认为，可以借用萍子这组诗歌中的一句来表达："把一切都看做好意。"

节气是自然的节律，不仅标志气候的变化和对农时的指引，而且在冥冥之中与人类的生命状态和命运有着深刻而隐秘的关联。季节分春、夏、秋、冬，人分少、壮、中、老，这种对应充满了天地万物的玄机，本身就是象征，就是诗歌。古人对于节气的设计，源于对天地的观测，他们听懂了大自然神秘的节奏，感受到了大自然内在的诗意，读懂了宇宙这部大诗，这才有了对二十四节气的归纳。可以说，二十四节气既是农业文明的产物，又代表了东方哲学和我们祖先非凡的智慧，体现着中国传统文化的根性。甚至，连二十四节气的许多名称，都是极富诗意的，譬如，雨水、惊蛰、清明、谷雨、白露、寒露等等，是多么的典雅和富于象征意味。诗人萍子懂得，二十四节气是一个巨大而丰富的诗歌矿脉，沿着这矿脉挖下去，就可以上天入地，抵达天人合一的崇高境界。 所以，当我读到萍子的《我的二十四节气》的时候，眼睛一亮，立马对她的这个选择会心一笑，情不自禁地叫一声："好！"我觉得，这组诗歌，是真正地接了地气，通过这个题材，诗人找到了通向诗歌天国的途径。

　　让人肃然起敬的是，诗人萍子不是把节令当做纯粹的时间刻度去看待，而是把它当做有生命、有情感的对象去关照。 她在《小满》这首诗中就说："小满是我的妹妹。"她把自己的心灵当做一个灵敏的感应器，与季节、季候、节令对接，与天地运行的奥秘对接，并通过这种方式与自然对话。 譬如，诗人在《立春》一诗中，是一个"从季节深处醒来的女子"。 诗人用一种欣喜的语调说：哦，无论如何/总算有了你的音讯。她在打听春天的讯息，一直到"梦有些累了"的时候，"总算是，听到了你的消息"，于是，诗人的"心儿就此雀跃起来"，她"晚睡早起/倾听喜鹊敲门的声音"。 在这里，诗人俨然是把节令看做朝思暮想的亲人、看做自己亲爱的姊妹了。 所以，她"斋戒，沐浴，剪彩为燕"，为立春这个节令的到来"动心"。

　　与节气的这种情感，贯穿于这组诗歌的始终。 譬如，诗人在《白露》一诗中，把这个节令比喻为"黎明腮边的几许清泪"，并对这个日子说：又梦见/你走在身后/不知何时已悄然丢失。 这种情感，多像是对自己的妹妹在满怀忧伤地牵挂。 即便是像"冬至"这样寒冷和令人生畏的节气，诗人依然很动心地跟这个日子交代说：把希望系在太阳身上/准没有错。

　　读萍子这组诗，总有一种既深受启迪，又很开心、开朗的感觉。 这是为什么？ 仔细想来，是因为诗中充满了阳光和爱。 诗歌是心灵的光，用什么样的光去照射世界，世界就呈现什么样的色彩，也就有什么样的诗歌。 诗人的心灵充满爱意，对世界和人生满怀善意和好意，他的诗歌就会焕发出温暖和善良的光芒。 就像诗人萍子自己说的，"把一切都看做好意"，这是她一贯的人生态度，也是她诗歌的基调和底色。

　　我曾经在《萍子的诗歌肖像》一文中写道："咯咯咯地笑起来，可能是因为见到了某个朋友，也可能是在这个场合听到了一句有意思的话，总之，她突然仰起瓷娃娃般的脸，笑了，像七月的荷塘里盛开的莲花，像明净的天空上飞翔的鸽群。她笑着，纯真，开心，明亮，正如她在一首诗中写的那样：'毫无遮拦地笑着/像个天真无邪的孩子/让人不由自主地高兴起来。'"这个爱笑的女子，内心充满爱，她的心灵是明媚的，是温暖的，所以她的世界就是明媚的、温暖的，是充满了善和爱的。

她是带着阳光般的爱，走进并向我们展示二十四节气的。她在《雨水》这首诗中，披发缓行/体会麦苗久旱逢甘霖的喜悦/为地球村祈祷/和平安宁，风调雨顺。你看，诗人是在写节令吗？不，是在表达对这个世界的爱。在另一首《雨水》中，她说：我仰起头，一次又一次/在无边的虚空中看见你/温柔的笑容/雨水正沿着阳光/缓缓下降，雪融冰消/麦苗踏上返青的旅程/我愿意就这样守望幸福/在不经意的时刻/一次又一次与你相逢。你看，诗人把节令看做亲爱的、可以倾吐的人了。

她是带着感恩的情怀，走进并向我们展示二十四节气的。诗人在这组诗中，一再地表达着感恩。她在《芒种》一诗中说：收获吧——/大地把自己摆上祭坛/感恩的人/躬身将种子播进土里/……/这一世轮回，仿佛/只是为了感受你的好/称颂你不为人知的壮丽。她在《夏至》一诗中又说：噢，这平凡而又伟大的一天/千百年来打着感恩的印记/生生不息的土地被庄严地摆上祭坛/古今同心，供奉如仪。

甚至，她带着一颗佛心，像一位布道者那样，借二十四节气向我们传达健康、乐观、开朗的人生观。

她的诗，让我们感受到积极的人生态度。她由立秋这个节气而想到人生之秋，想到人的一生可能遭遇的病痛、不幸与死亡，但最终想到的还是对人生的珍重。她在《秋分》中说：我喜欢，接受/并且珍惜/这一生中最后的温暖。她在《霜降》中感叹：岁月如此静好/连最忧伤的人也忘记了烦恼。

她的诗，让我们懂得，任何时候都要保持乐观开朗的心境，要看到希望和光明。她在《立冬》中吟唱道：天冷了/热情也需要收藏起来/等待春天/长出新芽。她在《小雪》中咏叹：如果冬天可以下雪/如果冰雪可以消融/我们的梦，又怎能不盛开/一个个春天/化为和风细雨，柳绿花红。

让我们记住美好和善良，让我们的心灵充满阳光，让我们懂得悲悯和感恩，让我们相信前方站立着希望……这就是萍子的诗歌想要告诉我们的，她的诗歌里充满了金刚般宽广而澄澈的智慧，充沛着促人向善的力量。

(作者为河南日报文体新闻部主任、河南省诗歌学会副会长)

让自己告别自己
——读萍子组诗《我的二十四节气》

◎李 霞

　　中国人的饮食结构以素食为主，主食是粮食，粮食的来源完全是通过耕种。与西方文明相比，中华文明具有典型的农耕社会的特征。中国古典文明就是农耕文明。

　　农耕是要看老天爷脸色吃饭的。在看的过程中，祖先们总结出了一年中的自然现象与农事季节特征的二十四个节候。这是我们祖先的独创，是我国农业活动的主要依据，它包含着我们先人的智慧和实践，体现了鲜明的中华民族的传统习俗和文化积淀。

　　有关节气的诗词源远流长，最早可以追溯到《诗经》时代，历代诗词名家都有吟咏节气的诗篇词作。如唐代杜牧的诗《清明》无人不晓："清明时节雨纷纷，路上行人欲断魂。借问酒家何处有？牧童遥指杏花村。"查阅《全唐诗》和《全宋词》，内容中有"清明"、"寒食"字样的唐诗有335首，宋词更多达520首。这也从一个侧面说明了节气在中国文化史上的重要地位及对文人的重要影响。

　　可是，为二十四节气每一个节气都写有诗作的诗人只有萍子。萍子填补了一项诗歌史空白。《我的二十四节气》系列组诗，是一个成熟诗人的全景大制作和倾心大出击。

从《纯净的火焰》、《萍子观水》到《我的二十四节气》，近年萍子动心的事的确太多，她办报，她办刊，她痴诗，她获奖，她设奖，她敬佛，她入禅，她迷茶，她喜素，她暴走，她出游，她进藏，她醉琴，她诵诗，她听雨，她踏雪，她浪漫，她古典，她仁爱，她好动，她策划，她热情，她散淡，她唱歌，她大笑。我和许多朋友不知多少次因为萍子的笑也像顽童一样开心，因为萍子的笑，爽朗，忘我，放任，无忌，诱人，就像她自己在《立春》中说的：从季节深处醒来的女子／斋戒，沐浴，／剪彩为燕／从未像今天这样动心。

在21世纪的现今，萍子的节气诗已与农事无关，只与自己的心事有关。心事发生在某一个节气比如《霜降》，这个节气的有关意象会跑出来，无关的意象也可跑出来，替诗人表露心情，无论是"带着萝卜的脆"，还是"一匹斑斓的织锦"。节气霜降，成了诗的舞台或背景或道具，或者干脆就成了诗人"岁月如此静好"的替身，"你会这样／终生与我相随"，呵，这不是让青春失眠的情话么。萍子的与爱之恋，已转化升华为与生命自然之恋。迷恋沉醉于大自然，应该是生命的洗礼和再生呀。萍子新近的大量作品，已在悄悄向我们暴露了她的新情。让自己远离自己，让自己告别自己，走吧，一直走下去，远方，路上，风景独好，诗歌独好。

(作者为河南工人日报社副总编辑、省诗歌学会副会长)

读你的感觉似秋水

◎ 庄凤娟

世界对着它的爱人,把它浩瀚的面具揭下来了。
它变小了,小如一首歌,小如一回永恒的接吻。

——泰戈尔《飞鸟集》

读萍子的新作《霜降》,赫然就有了如上的感觉——她把美妙神奇的自然世界,进行了多么诗意盎然的升华还原！ 短短的一组文字,给我们带来的是视觉的盛宴,是味觉的饕餮,是听觉的美餐,是感觉触觉的魅惑,是精神和灵魂的净化淬炼！

　　带着萝卜的脆
　　柿子的甜
　　菊花的鲜
　　树叶的艳
　　从空中落下来
　　在深秋嫣红的面颊

敷一层冷香的粉

　　——读这样的诗句，颊齿间回味的萝卜的脆、柿子的甜滋润了舌尖味蕾，菊花鲜亮在山间篱下，树叶艳丽了田间街垒……仿佛能听见清霜自九天降落时风铃似的叮叮当当的声音，清清楚楚地看见深秋美丽的嫣红的面颊敷粉后冷香丸无可比拟的神韵——神来之笔，妙不可言啊！
　　可是，萍子意犹未足，把一个专用名词诗意拆分——

　　霜
　　　　降

　　"霜"，这个含水的名词，这个冷艳的女子，这个高洁的化身，因一"降"，就动起来，飘起来，鲜活起来，完成了天与地的对话，完成了时与空的交接，从严肃的萧索变成了亲切平易酸甜可口的糖葫芦——呵呵，这对文字意蕴的驾驭，怎一个"高"字了得！
　　很显然，萍子的诗达到了新的高度，新的意境。
　　你看，萝卜、柿子、菊花、树叶、糖葫芦，这些都是很具体很精致的微观，可是接下来——

　　一匹斑斓的织锦
　　层层叠叠
　　缠绕在北半球风姿绰约的腰间

　　作者仿佛一下子变成了在宇宙中俯视地球，深秋时节的北半球在她的眼中是风姿绰约的少女，腰间缠绕着层层叠叠、五彩斑斓织锦的秀襦，她的目光多么高远，地球的角角落落都铺展开了她的神识……
　　她调动起我们所有关于深秋霜降后色彩、声音、触觉、感觉等等的记忆，对我们内心深处最珍爱的一切发起全方位的冲击！那么干净，那么纯粹、沉静、澄碧，如一泓秋水……
　　所以，萍子，我只能说你是世界的爱人，世界把自己变小了，变成了你的这首诗！是的——

　　岁月如此静好
　　连最忧伤的人也忘记了烦恼

　　让我以为
　　你会这样
　　终生与我相随

　　　　　　（作者系河南省总工会干校教研室主任、诗人）

谈萍子诗歌中自然意象的嬗变

◎ 王小萍

时光流年,我们都无法抗拒成长。从《纯净的火焰》到《萍子观水》,再到现在的《我的二十四节气》,近二十年过去,萍子的诗歌从最初浓烈但青涩的味道,逐渐地,开始渗透一种禅悟,温暖,芬芳,愈来愈安详平和,让读者感受到她内心的祥和安静,心如莲花。

最关键的是,萍子的诗歌中大自然的意象在这三个阶段在不断地嬗变。在她最初的诗歌中,星空、河流、麦田、桃花代表了她羞涩而青葱的爱情;在《萍子观水》中,雪花、雨水、莲花更多地作为诗人的感悟存在;而在她近两年创作的《我的二十四节气》中,春天、花朵、原野又重新回到了最初出发的地方,但却分明又是经过了诗人淬炼的春天、花朵和原野,其上的光芒足可以照亮我们的心房。这一切的嬗变,就如同那句偈语:看山是山,看水是水。看山不是山,看水不是水。看山还是山,看水还是水。

南丁先生在给萍子的第一本诗集《纯净的火焰》写的序中写道:"那时,我看到的是将星星读成'宇宙的眼泪',将雪读成'宇宙正在做着的一场好梦',将海涅作为自己的'不朽情人',请三月系两缕清香在自己的辫梢,并在风中舞成两面旗帜的女孩……那女孩竟也想到了'当我们老了/满头银丝'。 我不喜欢这想法,就说,女孩,你不要长大。"

对大自然深挚而无边的爱是萍子诗歌的特质,她爱风,爱雨,爱雪,爱三月,爱秋天。 她可以大声赞叹青藏高原那"白云上的梦幻/鹰翅上的歌声",感叹河西走廊"土,越来越厚/山,越来越高/绿,越来越凝重",赞美"太湖的碧色悦人眼目/在这古雅亲切的氛围中/我无端地沉醉,忘了归路";她也可以为了一朵花,一场雨,为一瞬间美好的体验而感动流泪,为一场莫名的乡愁而赋诗酬月。

只不过,在她早期的诗歌中,她对大自然的爱是直率而纯真的,毫无遮拦的,大自然成就了她的诗歌,这个出生于乡村的诗人,是个忠实的乡村歌手,努力将青春中的感动与哲思,给人们熟悉的乡村景物涂上粉色记忆。 生活的体验,感情的抒写,意象的重塑,使那些熟悉的乡村情调重新给读者意外的感动。

而多年后的萍子,继续着她对大自然的吟唱,她的诗歌里总有草木的香气,只是在草木山川里,有着凡人心灵的丰美,对命运的洞悉和彻悟,使她的诗歌抵达一定的生命深度。 这是经过纯净火焰淬炼的萍子,有着水的包容与流动,有着水的内心与外表,有着水的宽阔与内质。 虽然柔软却是滴水石穿。 她在观水中完成了自己的内心最后的皈依,思想的停泊地,她以水的哲学完成了自己诗歌的转变,使自己的诗歌产生了一次伟大的飞跃,自此,萍子的诗歌已经从女性意识中完全超脱出来,她博大而开阔,智慧而淡定,有着东方文化中最美的雍容,有着东方哲学中无可战胜的淡定。 我们欣喜地看到了一个新的萍子,正从时光的阴影中开出洁白的莲花,让所有的观者动容。

时光如水,冲走我们的青春的颜色,把我们化作了绕指柔。 而上天却格外眷顾萍子,没有夺走她青春美丽的外表,却又赋予了她清明纯正的灵魂。 二十年前,她是热烈多情的纯净的火焰,今天她临水照花,内心获得了更广博的爱情。 她热爱朋友,至情至性。 她无比喜悦地说:时时花开/虚空中浮现朵朵白莲/你我之间/香气弥漫。

在她的新作《我的二十四节气》中,诗人凭着对生活深沉的爱、厚实的生活底蕴,每每在平凡无奇的景象中发现诗意,她随手拈来的意象,看似寻常，却都是一个女诗人本色生命的流露。"从布谷鸟的舌尖滑落下来／这玉润珠圆的音符／急切而欢畅／像接生婆婆的手等待着"，把谷雨比做音符，是那样贴切！"举起一叶又一叶青萍／打开一朵又一朵牡丹／谷雨，谷雨，谷雨啊！母亲的爱一样天然／噢，让我拥抱你／为你奉上欢喜的红莲"，将谷雨比做母爱，简直就是天然而奇妙的杰作！

"小满，我的妹妹／在乡间小路上疾走／香了杏儿／甜了仙桃。"萍子的诗歌一直是真情流淌，这是她诗歌的特质之二。这充沛的真情，细微、温暖、感人至深。在回忆和向往中抒发了一个人的生命体验。"如果你是大海／我必与你融为一体／我愿意为你而改变／以有节制的生命之火／烘烤这寒意深彻的人生。"

这一切，正如萍子所说："诗歌是永恒的。因为人类的情感永恒——幸福和痛苦，因为爱与美永远伴随我们，因为生命始终生机勃勃。此刻我明白我是如此强烈地爱着诗歌，就像热爱大自然一样。在大自然宽厚的怀抱和诗歌纯洁的氛围中，我能够始终是一个快乐而无拘无束的孩子。在炫目的阳光下和静谧的星夜中我流下的那些泪水，并不苦涩。"

（作者系《河南日报》旅游工作室主任、河南省诗歌学会副秘书长）

跋

迎着大雪一样纷飞的时间,含笑歌唱

◎ 邓万鹏

一贯以写情诗见长的诗人萍子为什么突然写起了二十四节气？仔细阅读作品,答案了然。萍子的节气诗既不是农事诗,亦不是一般意义上的节令诗；而是人到中年以后对时间的一种极为敏感又与众不同的生命感悟和姿态。

时间是一个看不见又留不住的东西,自然是诗歌的永恒主题之一,古今中外很多诗人都留下了自己有关时间的主题的作品,优秀的诗人没有哪一个不在时间面前留下自己的思考和独特歌唱。唐代陈子昂的《登幽州台》,墨西哥诗人帕斯的《太阳石》,席慕容的《时光九篇》,不一而足。同时时间也是被诗人们写烂了的一个老主题,这给我们当今诗人留下难题就是不易出新,然而萍子《我的二十四节气》以全新的角度切入,给我们带来了新的视角和惊喜。

人生一般是以一年四季为年轮的,一年四季又是以二十四节气为组合的,萍子恰恰是抓住了一年生命刻度中的二十四个更具体的刻度,精确地分解了一年中的每一节气。在诗歌的进入角度上,为我们提供了最新的时间之歌的范本,不可谓没有创意!

　　诗人是敏感的,女诗人又具备了独有的敏感中的敏感,因此萍子抓住了每一节气的不同特点,融进自己暑往寒来中独到的生命体验,这二十四首诗合起来也就构成了一个完整轮回体系的一个组诗或一首有着明显时间标志的长诗。

　　我们看到不少女诗人的作品,很多都是充满哀怨、抱怨。期期艾艾,不是絮叨自己感情的挫折,就是无耐于青春的流逝。就那么一点儿,没完没了,絮絮叨叨。当然这也无可厚非,但这样的女诗人只是女诗人,终生突不破性别的围困。衡量优秀女诗人的重要标志之一就是看其能否正确表达并能超越自己的纯个人情感和性别樊篱,例如米斯特拉尔、西姆博尔斯卡、中国当下的舒婷、王小妮等等,她们都能够不同程度地超越性别从而走向更高的人生和艺术境界。诚然女性诗人有着先天的抒情优势,处理好了会成为一种写诗的优势,但女诗人作为诗人,特别是优秀诗人,仅仅局限于自己的性别小天地,就显得远远不够了。我们高兴地看到诗人萍子已经早早跳出了一般意义上的女诗人的界限,显示出了与众不同之处。甚至还不乏有着超出那些著名女诗人之处。就拿台湾著名女诗人席慕容来说吧,不可否认她的诗在20世纪80年代曾经席卷过大陆的诗坛,并且拥有众多读者,花城出版社出版后一度多年畅销不衰,她的诗歌《七里香》、《无怨的青春》、《时光九篇》曾征服过很多读者,至今我们还记得她的一些诗句。席慕容的诗的主题我以为多是感叹时光流逝的,她的厉害之处是能用自己锋利的诗句突然把读者弄傻,但它的局限也正在这里。

　　比如《时光的河流》这首诗的结尾一段:

　　　　啊　我至爱的　此刻
　　　　从我们床前流过的
　　　　是时光的河吗
　　　　还是　只是暗夜里
　　　　我的恶梦　我的心悸

下边我想拿席慕容最著名的一首《一棵开花的树》和萍子的《大雪》做比较：

如何让你遇见我
在我最美丽的时刻
为这
我已在佛前求了五百年
求佛让我们结一段尘缘
佛于是把我化做一棵树
长在你必经的路旁

阳光下
慎重地开满了花
朵朵都是我前世的盼望

当你走近
请你细听
那颤抖的叶
是我等待的热情

而当你终于无视地走过
在你身后落了一地的
朋友啊
那不是花瓣
那是我凋零的心

再看萍子的《大雪》：

今日大雪
将日历虚掩

沉湎于这两个字已经年

比事实更真实
比梦幻更虚幻
一夜之间
褪尽红颜

在一场大雪中忍住泪水
真的很难
血始终是热的
心始终是热的
找不到能够哭泣的地方
甚至理由
天很冷
不能打湿这个夜晚

水，不在乎形式
因痛苦而飞翔
比自身轻盈
比冰凌温暖
在这个日子
入禅

在一场大雪中痛哭
不让任何人看见
雪人的眼睛是黑的
鼻子是红的
你看见的
只是漫天飞舞的花瓣

请注意以上两首诗的结尾的不同境界，我们不否认席慕容诗句的艺术力量，但是读完整首诗，给读者留下来的总是伤痕。 席慕容的惯用手法是，在读者的心灵上经意或不经意地用小刀轻轻一划，然后她就不管你了，然后就让你自己去与诗行一起流血。 诗人没事了，走了。 好像一首诗的目的就是要伤人，然后诗人逃之夭夭。 而萍子的《大雪》虽然也有眼泪和忧伤，但总是轻轻地、淡淡地，点到为止，她的最后目的不是要伤你，而是要自救和救别人。 我以为这是萍子超出了席慕容的不同之处。 这两个诗人分别属于两种类型，其形成原因自然有性格因素和生活境遇，但更主要的还在于思想和境界所达到的程度。 这使我想起李白和李商隐，李商隐是把豆粒那么大的痛苦放大成太阳，蔓延宇宙；而李白是能把宇宙缩小成豆粒。 同是痛苦，在李商隐那里是"沧海月明珠有泪，蓝田日暖玉生烟"；到了李白那里就截然相反：人生在世不称意，明朝散发弄扁舟。 两个类型都能出好诗，但境界总有高下之分。

　　具体说来，萍子的诗是属于后者，即便写到痛苦，也总是带着温暖和明亮。

　　即使是在《大雪》中，诗人哭了，也还要说：雪人的眼睛是黑的/鼻子是红的/你看见的/只是漫天飞舞的花瓣。

　　她的诗是深沉和旷达的。

　　在《大寒》中，诗人"期待一场大雪/说出内心的忧伤和孤单//如果迟早能够看见太阳/又何必在乎这半明半暗的灯光"。

　　她的诗是积极和超越的。

　　请看《立秋》中的诗句：而凉意尚浅/我仍然对前路充满热情。

　　请看《大暑》中的诗句：期待/在一个茉莉飘香的午后/遇见你。 相视一笑/春风满面。

　　请看《处暑》中的诗句：从春到夏/一盏心灯总是亮着/天冷的时候/请一定记得问候我啊//何止这些/千年/万年/又何妨。

　　即使是霜降这样肃杀的时刻，诗人仍然说出：岁月如此静好/连最忧伤的人也忘记了烦恼。

　　总之，《我的二十四节气》是一种多重主题的表达，除了时间这个大的背景主题之外，还在一定程度上涵盖了诸如爱情、友情、宗教、人际关系等诸多主题的表达和人生况味的涵盖。较之作者早期的诗集《纯净的火焰》和两年前出版的《萍子观水》，既保留了可贵的自然多情的元素，还增加了一些形而上的哲学意义上的思考。这些诗较之她以往的作品除了依然饱满之外，还多了一些人生境界的广阔和深刻，早已超越了一般意义上的抒情。《我的二十四节气》，是一个成熟诗人对生命最纯粹的歌唱，是诗人的最新奉献。

纵观萍子及其诗歌，不难得出以下结论：有修养但不外露，有锋芒但不逼人，有痛苦但不放大，有悲伤但不绝望，有情义但不轻佻，总把大爱赐予万物，把笑声留给朋友。既有潭水的沉静又不乏雪花的高扬，既有阳光的暖昧又散发植物的清香。时间之伤化作一抹微笑，阴柔里透出岩石的信仰！

从1982年算起到2011年，萍子的诗龄快满三十年了，从《纯净的火焰》到《萍子观水》，直到最近的《我的二十四节气》，林林总总也有三百余首，数量不可谓不丰。萍子是一个成熟而又保持了可贵纯真的诗人，在技巧方面少做作雕饰，多的是天然和率真。相信萍子最高级的作品还在后头。

写于 2011 年 3 月

（作者系著名诗人、河南省诗歌学会副会长、郑州日报社副总编辑，出版诗集多部）